KB191041

# 이재명에 관하여

# 이재명에 관하여

김민석 지음

메디치

# 정치인 이재명이
# 더 크게 쓰이기를 바라며

2024년 12월 3일 계엄의 밤 이후 대한국민 모두에게 참으로 힘들었던 123일이 지나고 이제 극복의 시간입니다. 나라도, 경제도, 우리들의 마음도 치유와 회복, 즉 극복이 필요합니다.

저는 시대정신이란 말을 좋아합니다. 정치도 본질은 결국 시대정신이라고 생각합니다. 국민이 바라는 시대의 흐름을 읽고 받들고 따르고, 나아가 만들어가는 것. 그런 정치를 하면서 지도자도 만들어집니다.

시대정신이 선택하는 지도자가 전설 속 영웅 같은 백마 탄 초인이 아니라는 것을 비교적 젊은 시절에 배웠습니다.

제 정치적 스승이자 시간이 갈수록 더 존경하게 되는 김대중 대통령은 참 훌륭한 분이었지만 티 한 점 없는 완전무결한 분은 아니었습니다. 제가 청년 정치인이던 시절, 그 거대한 지도자가 고민하고 흔들리고 실수하고 연약해지는 모습들을 가까이서 지켜보았습니다. 시간이 지나고 보니 그런 인간적 연약함에도 불구하고 끊임없이 시대의 과제를 고민하고 붙잡는 끈질김이야말로 진정한 위대함이라는 것을 알게 되었습니다. 역사는 그 끈질김으로 아로새겨진 굵은 글자들을 시대정신이란 이름으로 기록합니다.

묘하게도 저는 정치인 이재명의 삶이 김대중의 삶과 참 많이 겹친다는 생각을 몇 해 전부터 했습니다. 지독한 고난의 개인사에서 쌓인 내공이 국가의 어려움 극복에 절묘한 자산으로 사용되는 점에서 그렇습니다.

저와 동년배인 정치인 이재명도 초인은 아닙니다. 오히려 평생 빨갱이로 악마화되었던 김대중만큼이나 엄청나게 악마화되어 있지요. 어떤 이들에게는 상상 못 할 무서운 공포의 상징처럼 되어 있는 그를 가까이서 지켜보면서 느낀 것이 많습니다. 배울 점도 발견하고, 더 보완되었으면 하는 점도 보게 되었지요.

계엄의 밤부터 대통령 파면을 넘어 지금까지 내란 극복의 전 과정을 함께하면서 지금 우리 모두가 함께 지나가고 있는 한 시대의 터널 곳곳에 그의 생각과 손길이 아주 구체적으로 새겨지는 흔적 하나하나를 봤습니다. 시간이 흐르면 이것들이 시대정신이란 이름으로 기록되리라 생각합니다.

이재명은 이번 내란 극복의 과정에 리더십을 행사했습니다. 그를 지지하든 아니든 모두 그 영향을 받았습니다. 누가 뭐라 해도 이재명은 내란 극복의 중심에 있었습니다.

그에 대한 제 관찰을 남겨놓는 것이 필요하다 싶었습니다. 내란 극복 과정에서 보인 이재명의 흔적을 짚어보고, 그에 더해 지난 몇 년간 함께 일하며 느꼈던 그의 덕목과 특성이 결국 역사적 고비에 하나로 다 연결되어 드러났음을 알리는 것이 가까이서 지켜본 사람의 의무라 생각되어 글쓰기를 결심했습니다.

제가 지켜본 이재명은 유쾌한 토론가이자 합리적 실행가입니다. 소년 같은 명랑함이 있고, 마지막 순간까지 여러 사람의 의견을 다 내어놓게 하여 선입견 없이 생각하고 결론 내려는 신중함이 있고, 토론의 결론을 맹숭맹숭한 뻔한 소리로 끝내지 않는 디테일이 있습니다.

무엇보다 그런 토론의 바탕에는 집단지성의 우월함에 대한 그의 확고한 신뢰가 자리 잡고 있는 것으로 보입니다. 변방장수였던 이재명이 오늘에 이른 가장 큰 힘은 바로 집단지성 민주주의라는 시대정신과의 싱크로율이 동세대 정치인 누구보다 높았기 때문이라 생각합니다. 이재명은 무엇보다 집단지성을 믿는 사람이고, 집단지성의 시대에 잘 맞는 사람입니다.

역사도 정치도 이어달리기라 생각합니다. 치열했던 선배 지도자들의 걸음을 이재명이 잘 이어받아 지금의 국난 극복에 시대정신을 실현한 정치가로 할 일을 다 하기를, 대한민국이 백범이 꿈꾸던 존경받는 나라로 가는 시대정신의 이어달리기가 앞으로도 계속 성공하기를 기도합니다.

저는 대한민국을 사랑합니다. 이번 빛의 혁명은 전 과정이 감동이었습니다. 대한사람인 것이 자랑스러울 만큼 우리 국민은 대단했습니다. 민주주의야말로 한류의 뿌리이자 최고 걸작입니다.

대한민국 민주주의의 발전에 정치인 이재명이 더 크게 쓰였으면 좋겠습니다. 그가 수많은 어려움을 견뎌내며 쌓아온 귀한 역량이 지금 이 나라에 꼭 필요하다고 믿습니다. 이 땅의 주권자들께 제가 지켜본 이재명을 전하면서, 그가 오늘 우리가 맞닥뜨린 이 거대한 어려움을 맨 앞에서 겸손하고 유능하고 성숙하게 잘 헤쳐나가도록 함께 격려하고 채찍질하자는 제안을 드립니다. 감사합니다.

2025년 4월

김민석

# 차례

## Part 1. 내란 극복 과정에서 빛을 발한 이재명의 리더십
시대를 보는 리더 이재명

## Part 2. 내가 본 이재명을 말하다

유쾌한 토론가이자 합리적 실행가, 이재명

# 찬란한 봄을 기대하는
# 국민의 바람에 응답하고자 합니다

이재명

김민석 의원이 저에 대한 책을 써볼까 한다는 이야기를 처음 들었을 때, 과연 글 쓸 시간이 날까 하는 생각이 들었습니다. 일분일초가 모자랄 만큼 정신없이 하루하루를 보내고 있었고, 계엄과 내란으로 긴장 또한 어느 때보다 높아졌기 때문입니다.

지난 몇 해 동안 김민석 의원은 우리 당의 정책위 의장, 총선상황실장, 수석최고위원을 맡았습니다. 중요한 자리에서 어려운 문제에 직면할 때마다 늘 진지하게 최선을 다해주어 참 든든했습니다. 그렇게 든든하게 함께 걸어준 동지이자 친구, 김민석 의원의 따뜻한 평가에 절로 고개가 숙여집니다. 초심을 잃지 말고 더 잘하라는 마음이 그대로 전해져옵니다. 고마우면서도 더 잘해야겠다는 다짐 역시 하게 됩니다.

우리는 12·3 계엄 이후 4월 4일 탄핵까지 긴 겨울을 보냈습니다. 겨울이 길었던 만큼 많은 국민들은 더 찬란한 봄을 기대하고 있습니다. 국민의 그 바람을 잘 알기에, 김민석 의원이 이 책을 통해 응원해주는 마음을 잘 알기에, 저 이재명, 세계를 주도하는 대한민국, 이제부터 시작될 진짜 대한민국으로 그 뜻에 응답하고자 합니다. 고맙습니다.

# Part 1

내란 극복 과정에서
빛을 발한

# 이재명의
# 리더십

# 시대를 보는 리더
# 이재명

계엄도 계엄 해제도 드라마였지만, 계엄 해제 이후도 드라마의 연속이었습니다. 국회의 탄핵 결의에 이르는 과정도 어려웠지만, 윤석열 구속 취소 이후 헌재 결정이 늦어지며 국민이 감내했던 긴장은 혹독할 지경이었습니다. 이 과정의 주요한 고비마다 이재명의 판단과 리더십이 작동했습니다.

왜 내란 발생 이후 일관되게 이재명 대표는 지지율 1위이고, 왜 국민의힘은 이재명 대표를 못 이기는 걸까요? 이재명은 시대 흐름을 보고 가는데, 국민의힘은 시대 흐름을 보지 않고 이재명 뒤만 쫓아왔기 때문입니다. 내란 극복의 여러 과정에서 단편적이고 우연적으로 보였던 여러 판단과 결정들이 돌이켜보니 다 연결되어 하나의 흐름을 만들었고, 그 흐름을 관통하는 어떤 맥락이 있었다는 것을 알게 되었습니다.

1부에서는 이재명 대표의 내란 극복 리더십을 아홉 가지 포인트로 살펴보고자 합니다.

첫째,

# 계엄을 예견하고 경고하다

최근에 계엄 이야기가 자꾸 얘기되고 있고 종전에 만들어졌던 계엄안에 보면 계엄 해제를 국회가 요구하는 걸 막기 위해서 계엄 선포와 동시에 국회의원들을 체포·구금하겠다는 계획을 꾸몄다는 이야기도 있습니다. 이거 완벽한 독재국가 아닙니까?

— 2024년 9월 1일 이재명 대표, 여야 대표회담 발언 중에서

이재명 대표가 내란 극복 과정에서 한 제일 중요한 일은 계엄을 예견하고 경고한 것입니다. 이재명 대표는 2024년 9월 1일 여야 대표회담이 끝난 후 한동훈 대표가 있는 자리에서 "계엄이 얘기되고 있다"는 발언을 하면서 처음으로 공식적으로 '계엄' 가능성을 언급해서 큰 후폭풍을 불러일으켰습니다. 당시 한 대표를 비롯한 여당 의원들과 대통령실은 "근거를 대라"고 이 대표를 몰아붙였고, "망상은 그만두라"는 막말까지 나왔습니다.

이제는 명백한 사실이 되었지만 당시만 해도 계엄을 예고한다는 것은 괴담 수준의 이야기로 여겨졌습니다. 물론 민주당 내에서는 저를 비롯해 김병주, 박선원, 부승찬 등 계엄이 일어날 거라는 확신을 가졌던 의원이 몇 명 있었습니다. 그러나 대표가 공식석상에서 문제제기를 한다는 것은 자기 나름의 확신이 없으면 할 수 없는 일이었습니다.

그렇다면 이재명 대표의 확신은 어디서 나왔던 것일

까요? 제 경우는 정세 판단을 바탕으로 한 논리적 추론으로부터 시작했고, 또 다른 의원들은 일정한 첩보로부터 시작했지만, 이재명 대표는 그들이 계엄을 할 수밖에 없다는 사실을 몸으로 체득한 것이 아닐까 생각합니다.

이재명 대표는 피습을 당해 죽을 고비를 넘기고, 검찰에 의해 고발되어 계속되는 재판에 출석하면서, 윤석열 정부가 어떤 무도한 방식으로든 현재 정권을 연장하려 할 것이라는 감각적 촉을 갖게 된 것 같습니다. 테러와 사법살인 시도와 끊임없이 싸우며 몸으로 다져진 판단력이었습니다.

둘째,

# 계엄 해제를 주도하다

늦은 시간이긴 하지만 국민 여러분께서 이 나라를 지켜주셔야 합니다. 저희도 목숨을 바쳐 이 나라 민주주의 꼭 지켜내겠습니다. 우리의 힘만으로는 부족합니다. 이 나라의 주인이신 국민 여러분께서 나서주셔야 합니다. 저도 지금 국회로 가는 길입니다. 국회가 비상계엄 해제 의결을 할 수 있도록, 이 나라 민주주의를 강건하게 지켜낼 수 있도록 국민 여러분께서 힘을 보태주십시오.

— 2024년 12월 3일 밤 이재명 대표 라이브 방송 중에서

리더십이라는 것은 어떤 위기의 시점에 발현되는 것입니다. 국내외의 현대사를 보면 전쟁이 났을 때 항공기를 타고 도망가거나 쿠데타가 났을 때 대사관으로 도주한 지도자도 있습니다. 그런데 이재명은 국회로 달려가 계엄 해제를 주도했습니다. 의원들을 모으고, 위험을 무릅쓴 용기 있는 라이브 방송으로 시민들을 모았습니다.

윤석열 대통령이 비상계엄을 선언한 직후, 이재명 대표는 라이브 방송 영상을 켜고 국회로 출발하면서 의원들과 국민들에게 국회로 와달라고 호소합니다. 언제 잡혀갈지도 모르는 상황에서 자기 위치가 알려질 위험이 있는 라이브 방송을 하는 건 결코 쉬운 일이 아닙니다. 당시 라이브 방송을 보면 옆에서 누군가 눈물을 훌쩍이는 소리가 나는데, 그 주인공은 옆에서 운전을 해주던 부인이었습니다. 많은 의원이 계엄 방송을 보고 국회의사당으로 달려왔지만 라이브 방송을 한 것은 이재명 대표가 유일했습니다. 위험을 감수한 용기였고, 유사시 체포를 당할 경우에도 상황을 알릴 수 있는 지혜였습니다.

비상계엄의 밤 수천 명의 시민이 여의도로 달려와서 군인과 경찰들을 막아섰지요. 나중에 들어보니 이 대표의 방송을 보고 달려왔다는 분들이 상당히 많았습니다. 이 대표의 방송이 계엄 해제를 주도하는 견인차 역할을 한 겁니다. 그런데 우리나라 주요 제도권 언론에서는 계엄 해제 과정을 보도하고 평가하면서 이 이야기를 거의 기사로 다루지 않았습니다. 만약 같은 상황에서 미국의 야당 지도자가 같은 일을 했다면 어땠을까요? 아마 그는 《타임》지 표지의 주인공이 되고, 그의 용기 있는 행동은 커버스토리로 다루어졌을 겁니다.

계엄 해제에 결정적인 견인차 역할을 한 이재명 대표의 라이브 방송, 위기의 순간에 그가 발휘한 순발력과 용기의 바탕은 무엇이었을까 생각해봅니다. 결국 위기를 풀 힘은 국민과 시민에게서 나왔습니다. 정치는 국민이 하는 것이라는 그의 평소의 철학과 소통이 위기의 순간에 그대로 나온 것입니다. 리더십이란 어쩌면 국민을 믿고 국민과 함께하는 데서 해결책을 찾는 것 아닐까요?

셋째,

# 시민과 국회가 결합하는
# 여의도 집회를 제안하고 성사시키다

국민 여러분, 비상계엄은 원래부터 무효였고, 국회 의
결로 무효임이 다시 한번 확인되었습니다. 우리 국회
는 주권자인 국민이 위임한 그 권한으로 국회를 지키
면서 민주공화국 대한민국 헌정질서를 굳건하게 지켜
나가겠습니다. … 국민 여러분께서 이 민주공화정을
회복하는 엄중한 여정을 함께 해주시기를 바랍니다.

— 2024년 12월 4일 이재명 대표의 '계엄선포 및 계엄선포 해
제 요구 결의안 가결 관련 입장문' 중에서

© 시사IN 이명익

비상계엄 해제를 결의한 이후 대중 집회 장소를 둘러싸고 지도부가 모여 논의를 했습니다. 광화문에 모이자, 명동성당으로 가자 등등 의견이 분분했지요. 당시는 윤석열의 2차 계엄이 우려되어 국회를 비울 수가 없는 상황이었습니다. 지금은 국회를 지켜야 한다는 것이 이재명 대표의 주장이었지요. 그렇게 노동계와 시민사회단체 대표에게 여의도 집회를 제안했고, '내란죄 윤석열 퇴진 범국민 촛불 대행진' 주말 집회가 2024년 12월 7일 토요일에 열리게 되었습니다.

첫 번째 탄핵 투표가 이루어지던 12월 7일, 탄핵소추안이 통과된 12월 14일, 국회의사당을 중심으로 거대한 십자가를 형성한 인파를 기억하십니까? 국회의사당역과 여의도역에 전철이 무정차하면서 샛강역에서, 당산역에서, 신길역에서 하차한 수많은 시민이 여의도를 향해 무리를 지어 걸었습니다. 수도권은 물론 지방에서 오신 분들도 많았지요. 그 모습을 보며 울컥했습니다. 집회를 할 때 어디서 모이고 누구와 함께할 것인지를 정하는 것은 전술적인 문제이자 방향을 결정짓는 아주 중요한 일입니다. 그런데 이재명 대표는 주저 없이 여의도에서 시민들과 함께 모여야 한다고 결정을 하고, 시민사회를 설득해 여의도로 오게 함으로써 시민과 국회가 결합하는 집회를 성사시킨 것입니다. 이재명 대표는 여기에 그치지 않고 국회의원들로 하여금 국회마당으로 나가 집회도 하고 순회도 할 것을 제안했습니다. 국회 본청 안 로텐더홀에서의 농성에 머물러 있으면, 국회를 지키며 밤을 새워준 국회담장 밖의 시민들과 교감할 수 없다는 것을 감안하고 배려한 것입니다. 정치와 광장, 국회의원들과 시민들이 매순간 접점을 유지하며 함께할 수 있도록 디테일을 놓치지 않고 챙겼습니다.

이재명 대표가 이런 결정을 할 수 있었던 것 또한 위기의 순간에 시민들에게 물어야 하고, 또한 시민들로부터 힘이 나온다는 철학이 몸에 배어 있었기 때문입니다. 그런 철학과 의식이 디테일한 결정 하나하나에 다 작동했고, 내란을 극복하는 이재명 리더십의 핵심이 되었습니다.

넷째,

# 시민항쟁을 빛의 혁명으로 호명하여 역사성을 부여하다

국민 여러분이 해내신 것입니다. 국민 여러분께서 새로운 역사를 쓰고 계시는 것입니다. 전 세계에 없는 무혈 촛불혁명을 이뤄냈던 것처럼, 다시 빛의 혁명을 만들어내고 있습니다. 우리 민주주의의 건강함을, 대한민국 국민이 얼마나 위대한가를 우리가 이번에 확실하게 전 세계에, 온 세상에 보여줍시다.

— 2024년 12월 14일 이재명 대표,
윤석열 대통령 탄핵안 가결 후 여의도 집회 현장에서

이번 시민항쟁을 '빛의 혁명'이라고 이야기합니다. 이 호명을 제일 먼저 한 사람이 이재명 대표입니다. 탄핵 결의가 되던 날, 이재명 대표가 "도대체 이 역사적 상황을 어떻게 우리가 규정하고 불러야 합니까?"라는 문제를 제기해서 민주당 최고위원들과 함께 토론을 했습니다. 응원봉 혁명 등등 여러 가지 얘기가 나왔는데, 이재명 대표가 '빛의 혁명'이라고 호명한 겁니다.

이 표현을 처음으로 쓴 사람이 누구인지는 알 수가 없습니다. 기사에 나왔을 수도 있고 누군가 먼저 사용했을 수도 있습니다. 그러나 처음으로 공식화해서 무게를 실어준 사람은 이재명 대표입니다. 탄핵 가결 후 여의도 집회에 나와서 연설을 하면서 '빛의 혁명'이라고 호명했고, 이렇게 함으로써 빛의 혁명이라는 네이밍이 대중성을 갖기 시작했다고 생각합니다.

계엄 이후 내내 국회 안에 갇혀 있다시피 하다가 12월 14일 탄핵 결의가 되자 비로소 처음으로 국회 밖으

로 나가 집회 단상에서 연설을 하며 '빛의 혁명'이라는
용어를 쓴 이재명 대표가 단상에서 내려와 그때 단상 위
에서 바라본 수많은 응원봉의 빛이 너무 아름답더라는
이야기를 했던 기억이 납니다. 사실 '빛의 혁명'이라는
호명은 그냥 나온 것이 아니라 '빛고을 광주'로부터 이어
지는 흐름 속에 있습니다. 이재명 대표는 1980년 5월 광
주의 빛이 촛불을 넘어 빛의 혁명으로 나아갔고, 금남로
의 주먹밥이 여의도 선결제로 부활했다고 말했습니다.
빛의 혁명이라는 이름을 붙이는 과정에 역사 인식을 갖
고 깊이 고민한 흔적입니다.

이름을 붙이는 일, 즉 명명은 때로는 어떤 실체를 단
순하게 반영하는 것에 그치지 않고 실체 그 자체에 힘을
불어넣고 나아가 실체를 만듭니다. 빛의 혁명으로 부르
는 일 자체가 빛의 혁명을 만드는 중요한 포인트 중 하나
였습니다. 저는 역사적 사건에 이름을 붙이는 것의 중요
성을 그 초반에 감지하고 고민한 것 자체가 매우 중요한
리더십이라 믿습니다.

이재명을 매우 실용적인 사람으로만 보는 것은 그의 한 면만 보는 것입니다. 이재명 대표는 지난 몇 년간 꾸준히 국내외 학자들과 다양한 주제로 대담을 나누었습니다. 보여주기 위해서가 아니라 어떤 현상을 철학적·역사적·사상적으로 정리해보고 싶은 욕구가 있기 때문입니다. 이런 욕구를 가진 사람이기에 '빛고을 광주'로부터 이어지는 '빛의 혁명'이라는 이름을 붙이게 된 것입니다. 저는 이런 모습에서 사람들이 놓치곤 하는 이재명 대표의 인문학적 기질이 드러난다고 봅니다.

당대표
더불어민주당 이 재 명

다섯째,

# 의원들의 태극기 배지 착용을 제안하여 내란 극복에 헌정수호의 의미를 부여하다

지금 내란이 지속 중이니 태극기의 상징성을 강조합시다. 태극기를 다시 가져와야 합니다.

— 2024년 12월 초 이재명 대표, 비공개 최고위원회에서

헌정질서와 법치주의를 부정하는 것은 결코 보수일 수 없고 수구조차도 못 되는 반동일 뿐입니다. 보수의 탈을 쓴 채 헌법과 법치를 파괴하는 이들을 넘어서서 민주주의를 회복해야 합니다.

— 2025년 3월 1일 이재명 대표, 야5당 공동 내란종식·민주헌정수호를 위한 윤석열 파면 촉구 범국민대회에서

12월 9일 비상의원총회가 끝난 뒤 민주당 의원들은 서로 태극기 배지를 달아주었습니다. 민주당 의원들이 국회의원배지 위에 태극기 배지를 다는 행위는 내란으로 인해 무너진 민주헌정의 가치를 회복하자는 의지의 표현이었습니다. 배지 착용은 이재명 대표의 제안으로 이루어졌습니다. 의원들의 태극기 배지 착용은 윤석열 파면 선고일까지 집단적으로 지속되었습니다.

　　요 몇 해 태극기가 마치 보수, 아니 극우세력의 상징처럼 오염되었습니다. 이른바 광화문 태극기 집회 때문입니다. 그러나 태극기는 대한민국 헌정질서의 상징입니다. 이재명 대표는 '상징과 의미를 담은 태극기를 우리가 되찾아와야 한다'는 생각으로 민주당 지도부에 배지 착용 제안을 했고, 민주당 의원들은 태극기의 의미를 중시해 국회의원 배지보다 태극기 배지를 위에 달았습니다.

　　사실 이재명 대표의 태극기 배지 착용은 이번이 처음이 아닙니다. 2023년 3월 윤 대통령의 강제동원 배상안

발표에 맞서 민주당이 대일굴욕외교대책위원회를 출범했을 당시 태극기 배지를 받은 이래 쭉 착용해왔습니다.

이재명 대표는 태극기 부대로 인해 태극기의 이미지가 왜곡된 데 대한 문제의식을 품고 있었습니다. 그래서 이것을 적절하게 찾아와야 한다는 생각, 본인 스스로 태극기의 가치를 지켜야 한다는 생각을 지속적으로 해왔던 것입니다. 그래서 개인적으로 배지 착용을 하다가 가장 절묘한 시점에 태극기의 원래 상징을 찾아와 정착시켜야 한다는 촉(!)을 발휘해 실천했습니다.

저는 그 촉이 매우 시의적절했다고 봅니다. 대한민국의 헌정질서가 위기를 맞고 있으니, 상징인 태극기를 착용하는 행위를 통해 정체성을 확고히 해 헌정질서를 지키겠다는 의미였지요. 내란 과정에서 여의도의 어느 빵집에 들어갔는데 앉아 계시던 어르신 몇 분이 제 태극기 배지를 보며 궁금해하시더군요. 아니 왜 민주당이 태극기 배지를 차느냐구요. 평소 민주당에 대한 오해나 거리

감을 갖고 계신 분들이라는 느낌이었습니다. 태극기 배지 착용은 적절한 시기에 적절한 상징을 통해 윤석열 계 엄의 헌정 파괴 의미를 적절히 드러내는 디테일이 살아 있는 이재명 리더십의 한 단면이었다고 생각합니다.

여섯째,

# 헌법과 법률 위반을 중심으로
# 신속한 탄핵제기와
# 헌법재판의 방향을 정리하다

소추의결서에서 내란죄 등 형법 위반 행위로 구성하였던 것을 탄핵심판 청구 이후에 헌법 위반 행위로 포섭하여 주장한 점에 대하여 … 기본적 사실관계는 동일하게 유지하면서 적용 법조문을 철회 변경하는 것은 소추 사유의 철회 변경에 해당하지 않으므로 특별한 절차를 거치지 않더라도 허용됩니다.

— 2025년 4월 4일 헌법재판소 윤석열 파면 선고문 중에서

계엄 해제 결의 이후 야6당이 공동 명의로 탄핵소추안을 발의했습니다. 그 과정에서 의원들 간에 '내란죄'를 명시해야 되냐 말아야 하나 토론이 있었습니다. 그때 이재명 대표가 '내란죄'를 빼자고 제안했고 결국 최종 탄핵소추안에서는 '내란죄'가 삭제되었습니다.

국민의힘은 내란죄 삭제가 탄핵소추안의 정당성을 훼손했다며 국회에서 재의결 절차를 밟아야 한다고 했지만 그것은 억지 주장이었습니다. 탄핵소추안의 내란죄 삭제는 형법 위반 여부가 아닌 헌법 위반 여부를 판단하기 위한 정리일 뿐이었고, 내란 행위를 탄핵소추 사유에서 제외한 것이 아니었기 때문입니다.

윤 대통령이 계엄에 필요한 어떤 요건을 충족하지 못했음에도 헌법과 법률을 위반한 채 비상계엄을 발령해 국민주권주의와 권력분립의 원칙, 군인 등 공무원의 정치적 중립성 등 헌법을 위반했다는 것이 탄핵소추안의 핵심입니다.

결과적으로 보면 이재명 대표의 제안에 따라 '내란죄'를 삭제한 것이 신의 한 수였습니다. 복잡한 절차를 단순화하고 헌법 위반 중심으로 명쾌하게 헌재 판결을 할 수 있는 기반이 된 것이었습니다. 탄핵소추안을 쓰는 마지막 시점에 당내 율사들이 제기해왔던 의견을 이재명 대표가 받아들여 결정한 것입니다. 본인이 법률가이기 때문에 마지막까지 디테일을 챙긴 것입니다.

2025년 3월 7일 법원은 윤석열의 구속에 대해 절차와 관련해서 납득하기 어려운 이유로 취소 결정을 내렸고, 검찰은 항고를 포기하며 그다음 날 내란 수괴를 석방해버렸습니다. 이런 상황을 보면서 내란죄를 빼서 절차적인 하자의 여지를 주지 않고 단순하게 정리한 것이 정말 적절한 조치였다는 생각이 들었습니다.

대통령 탄핵심판에서 절차 진행은 '신중'해야 하지만 또한 '신속'해야 합니다. 이재명 대표가 마지막에 내란죄를 삭제한 것은 탄핵까지 끌고 가는 과정뿐만 아니라 이 탄핵심판의 방향과 속도에까지 영향을 미치는 중요한 결정이 되었습니다. 결국 헌재의 선고문도 이 결정이 국민의힘 주장과 달리 하등의 법적 문제가 없음을 확인했습니다.

다 함께 만드는 세상
모두의 질문

© 연합뉴스

일곱째,

# 모두의 질문Q 프로젝트를 가동해 민주당이 탄핵 광장의 에너지를 수용해야 한다는 정책 방향을 잡다

질문을 기록하겠다, 이게 무슨 의미가 있을까요? 또는 거기에 대한 모든 답을 할 수 있을까요? 아무도 모르죠. 아마 거의 불가능하겠죠. 그러나 어떤 문제가 있는지 안다는 건 정말로 중요한 것입니다.

— 2025년 2월 7일 이재명 대표, '모두의 질문Q' 출범식 격려사 중에서

이재명 대표는 2025년 2월 7일 '다 함께 만드는 세상 모두의 질문Q' 출범식을 열고, 대한민국의 새로운 미래 청사진을 그리기 위한 국민 참여 프로젝트를 시작했습니다. '모두의 질문Q'는 사회가 직면한 과제를 공론화해 풀어나가기 위한 일종의 플랫폼으로, 홈페이지를 통해 시민 누구나 평소 갖고 있던 문제의식을 질문 형태로 게시하는 방식입니다.

민주당 국회의원들은 수시로 홈페이지에 올라온 질문들을 보고, 공감이 가는 질문들에 댓글을 달고, 토론게시판에서 해당 질문에 대한 자신의 의견과 계획을 밝히는 형태로 참여하게 됩니다.

사실 이런 프로젝트는 정당에서 자주 하는 방식은 아닙니다. 돈도 들어가고 품도 많이 들기 때문입니다. 그런데 이재명 대표는 왜 이걸 시작한 걸까요? 주권 대중의 직접민주주의 방식을 중시하는 철학을 갖고 있기 때문입니다. 이 대표는 정당이나 국회의원이 갑이 아니라 민심의 요구사항을 듣고, 광장의 에너지를 받아안아야 해결책을 찾을 수 있다는 이야기를 평소에도 자주 합니다.

이재명 대표가 이런 프로젝트를 가동하게 된 데에는 성남 시장 시절의 성공 경험도 한몫을 하지 않았나 싶습니다. '모두의 질문Q' 출범식 격려사에서 밝혔듯 이재명 대표는 '행복한 성남'이라는 슬로건을 내걸고 시민들의 불만과 민원을 없애기로 마음먹었습니다. 그리고 시민들에게 불만사항을 전부 써내도록 했지요.

불만사항은 우선 동장이 처리하고 안 되면 구청으로, 다시 시청으로 넘긴 뒤 시장실까지 오도록 했습니다. 시청 공무원들도 민원을 많이 찾아오면 승진 시 가산점을 주었습니다. 결국 퇴임할 무렵 성남시에서는 민원이 거의 사라졌고 이 대표는 성남 시민들의 칭송을 받게 되었습니다.

성남 시장 시절 민원을 해결하기 위해 적극적으로 나

선 일에서부터 '모두의 질문Q' 프로젝트에 이르기까지 이 모든 것의 바탕에는 이재명 대표의 정치철학이 깔려 있습니다. 정치는 기본적으로 대중과의 관계를 통해 이루어지며, 대중으로부터 힘이 나온다고 믿는 정치철학이 그의 몸에 배어 있는 것입니다. 이것이야말로 요즘 시대에 맞는 리더십의 기본이 아닐까 합니다.

탄핵투쟁이 한창 진행되고 있던 시기, 광장의 끓어오르는 에너지를 반드시 수용하고 경청하는 장을 열어야 한다는 이재명 대표의 확고한 의지가 없었으면 탄생할 수 없었던 '모두의 질문Q' 프로젝트 또한 그 바탕은 결국 집단지성과 직접민주주의에 대한 신념이었습니다.

여덟째,

# IMF 극복을 최우선순위로 조정한 김대중처럼 경제성장 회복을 내란 극복 최우선 정책과제로 설정하다

외신의 아픈 지적처럼 "계엄의 경제적 대가를 오천만 국민이 두고두고 할부로 갚게" 되었습니다. 수십, 수백 조 원의 직접 피해는 물론, 신뢰 상실, 국격 훼손 같은 계산조차 불가능한 엄청난 피해였습니다. … 경제를 살리는 데 이념이 무슨 소용입니까, 민생 살리는 데 색깔이 무슨 의미입니까. 진보정책이든 보수정책이든 유용한 처방이라면 총동원합시다. 함께 잘 사는 세상을 위해서 유용하다면 어떤 정책도 수용하겠습니다.

— 2025년 2월 10일 이재명 대표, 국회 (임시회)
교섭단체대표연설문 중에서

정치인에겐 운명이라는 게 있습니다. IMF라는 절체절명의 위기를 맞으며 1997년에 우리가 당선시켰던 김대중의 운명은 위기 극복이었습니다. 그로부터 28년이 지나 다시 중대한 위기를 맞이한 오늘, 대한민국을 이끌어갈 이재명의 운명 또한 위기 극복입니다. 김대중 대통령이 IMF에서 회복하는 것을 최우선 정책과제로 설정해서 완수했듯이, 이재명 대표도 경제성장 회복을 내란 극복 최우선 정책과제로 설정하였습니다.

제가 이재명 대표에게 이런 이야기를 한 적이 있습니다. 김대중 대통령은 평생의 정치적 숙원이던 남북관계 개선과 복지국가에 앞서 IMF 극복을 최우선 과제로 삼았고 최단 기간에 그 목표를 달성했습니다. 그러고 나서 남북정상회담이라는 자신이 염원하던 남북관계 개선의 성과를 이루어냈지요. 그러니 당신도 DJ처럼 경제성장의 회복을 최우선 과제로 삼아 달성한 뒤에 오랫동안 꿈꿔왔던 바들을 이루시라고 말입니다.

ⓒ 위성환

큰 뜻을 품은 정치인들이라면 평생 마음에 품고 이루고 싶은 과제가 있을 것입니다. 이재명 대표도 마찬가지입니다. 그런데 내란이라는 상황에서 이재명 대표는 모든 것에 앞서 일단 경제를 살리고 성장을 회복하는 것을 최우선 과제로 삼았습니다. 시점과 상황의 변화를 인지하고 우선순위를 바꾸는 것은 위기의 시대를 이끌어가는 리더의 중요한 자질이라고 생각합니다.

저는 김대중 대통령과 이재명 대표, 두 사람의 운명적 서사가 겹친다는 생각이 듭니다. 김대중 대통령이 평생 민주화투쟁으로 고난받으면서 쌓아왔던 국제적인 명성은 IMF를 극복하는 데 필요한 국가적 자산이 되었고, 그의 고난에서 쌓인 내공은 국가의 실력이 되었으며, 고난을 품어낸 화해와 용서의 정신은 IMF를 이겨낸 통합 정치의 기반이 되었습니다.

마찬가지로 이재명 대표가 스스로 참혹하다고 표현했던 그 삶을 이겨냈던 그의 내공은 우리 대한민국이 지금 가장 절실하게 필요로 하는 실력으로 성장했으며, 하나의 뒷배경과 연고도 없이 오직 능력과 실력으로 성장해온 그의 정치는 이제 대한민국의 진정한 통합정치를 이룩할 기반이 될 것입니다.

아홉째,

## 중도적 국민정당인 민주당의 중도보수 지향을 강조하여, 극우화한 국민의힘 대신 더 폭넓은 국민의 요구를 책임 있게 수용할 길을 열다

민주당은 사실 중도보수 정도의 포지션을 가지고 있습니다. 진보 진영은 새롭게 구축되어야 하고요. 우리는 우클릭하지 않았습니다. 원래 우리 자리에 있는 것이에요. 보수는 건전한 질서와 가치를 지키는 집단인데 지금 국민의힘은 헌정질서를 자기 손으로 파괴하고 있잖아요. 이건 보수가 아니라 범죄집단입니다.

— 2025년 2월 18일 이재명 대표, '새날' 인터뷰 중에서

민주당의 강령과 역사 연구자들에게 중도보수는 새로운 이야기가 아닙니다. 1955년 창당 때 중도적 국민정당으로 출발했고, 강령에 중도를 명시해왔고, 미국이나 유럽 등 국제적 기준으로 볼 때 보수 노선 위에 서 있어서 김대중 등 역대 민주당 지도자들도 종종 써온 표현입니다. 민주, 성장, 분배, 평화, 안보, 개혁, 모두 민주당의 전통이며 가치입니다.

문제는 국민의힘입니다. 국힘당의 정체성은 뭡니까? 헌법 파괴, 내란 옹호, 폭력 사주, 헌재와 법원 압박, 특검 저지에 몰두하며 대한민국의 기본가치를 부정하는 세력이 무슨 보수입니까? 민주당과 이재명 대표에게 시비 걸고 투정하는 것 외에 하는 일이 뭡니까? 지금 국민의힘은 한국 정치의 집 나간 탕아로 전광훈이 시키는 대로 하는 극우 전광훈 2중대가 되었습니다.

국민의힘이 극우화하면서 한국 사회 정치 지형에서 중도 영역에 상당한 공백이 생겨났습니다. 이 영역의 유권자들을 대변하는 것이 민주당의 새롭고 중요한 의무가 되었습니다. 한국 사회 자체가 선진국 초입의 경제문화적 수준에 이르면서 중산층을 확대하는 정책적 방향이 과거보다 더 중요해지기도 했습니다. 국민의힘 계열 정당이 앞으로 극우화를 얼마나 극복해갈 수 있을지는 현재로서 알 수 없지만, 민주당이 과거에 비해 중도보수적 영역을 보다 적극적이고 책임 있게 대변하게 될 것이라는 점은 분명합니다.

대선을 앞둔 일시적 우클릭, 또는 오락가락이라는 비판도 있지만 내란의 과정에 국민의힘 극우화에 대응하여 중도보수 영역으로의 적극적 확장을 모색한 것은 장기적 관점에서도, 단기적 민감성이란 측면에서도 매우 적절했다고 봅니다. 이념보다 실용을 중시하는 이재명 대표의 리더십이 아니었다면 쉽게 제기될 수 없는 중요한 리더십 포인트였습니다.

# Part 2

내가 본

# 이재명을
# 말하다

# 유쾌한 토론가이자
# 합리적 실행가, 이재명

내가 본 이재명을 써야겠다는 생각을 하고, 지난 몇 년 함께 일하며 들었던 생각을 메모했습니다.

가장 중요한 특징을 잡아내는 인물 스케치였다면 토론하는 이재명을 그렸을 겁니다. 진지하거나 웃고 있거나 둘 중 하나였겠지요. 화를 내거나 비관적인 표정은 좀체 못 봤습니다.

쿨(Cool)한 이재명. 제가 본 이재명의 한마디 인물평입니다. 김대중처럼 노무현처럼 토론에 최적화된 유쾌한 토론가이자 합리적 실행가이고, 많은 이들의 선입견보다 훨씬 유연하고 열려 있는 사람입니다. 동세대 586보다 한결 실용적이고, 본능적으로 덜 이념적이고, 철학적인 사람입니다.

저는 비교적 담담한 스타일의 사람입니다. 그와 가장 친한 친구는 아니지만, 일을 하다 보니 그를 지켜보고 곱씹어보고 이해하는 지기(知己)의 마음을 갖게 된 듯합니다. 이재명이 품어온 시간과 사연과 상처들이 온전히 밝은 모습으로 살아나 우리 공동체의 자산이 되면 좋겠습니다.

○

# 집단지성을 믿는
# 쿨한 토론가

이재명을 만나보지 않은 사람들이 갖고 있는 선입견 중 가장 많은 것이 아마도 그가 독선적이거나 일방적으로 밀어붙이는 스타일이 아닌가 하는 것일 겁니다.

사실 정치인들에겐 덧씌워진 선입견, 심지어 악마화된 모습이 많습니다. 김대중이 그 대표적인 경우입니다. 평생을 빨갱이로 낙인찍으려는 사람들에게 시달렸고, 제왕적 총재의 전형으로 묘사되었고, 그를 존경하는 사람들이 부르던 호칭인 '선생님'이 주는 권위주의적인 이미지도 강했습니다. 하긴 강남에 가면 DJ 소유의 어마어마한 중국집이 있고, 해외에는 숨겨놓은 비밀재산이 있다는 그럴싸한 소문은 거의 99% 진실 수준으로 공공연히 돌아다녔습니다. 최근 동교동 사저 문제*가 불거지면서 실상 그가 자식들에게 남겨놓은 것이라곤 평생 살던 동교동 집 한 채뿐이었다는 것이 세상에 알려졌습니다. 여와 야, 보수와 진보를 넘어 김대중 대통령의 업적과 풍모, 포용력을 인정하는 지금의 젊은 사람들은 전혀 이해할 수 없을 악성 이미지의 종합 덩어리가 DJ의 어깨에 평생 짐처럼 있었습니다.

이재명도 더하면 더했지, 결코 그에 못지않을 것입니

---

* 김대중 대통령이 거주했던 동교동 사저를 3남인 김홍걸이 상속세 납부의 부담을 이유로 2024년 매각한 사건. 이희호 여사의 유지대로 '김대중·이희호 기념관'으로 활용하지 못한 데다 2남인 김홍업과 김대중기념사업회 측과 아무런 논의 없이 매각한 사실이 언론에 보도되면서 당시 문제가 되었다.

다. '정알못'인 제 아내가 어디선가 들은 영화 〈아수라〉에서 황정민이 연기한 부패덩어리 시장 같은 무서운 사람이 아닌가 하고 제게 물은 적이 있을 정도니까요. 대장동, 백현동 사건이 그에게 어마어마한 이권과 축재의 이미지를 연결했고, 일극체제니 '아버지'니 하는 용어가 그에게 민주적 토론과는 거리가 먼 완고한 독선가의 이미지를 덧씌운 결과가 아닐까 합니다.

정치인 이재명에게 덧씌워진 선입견을 걷어낸다면 어떤 모습일까요. 저는 이재명의 여러 모습 중 가장 핵심적인 모습 하나를 집어내라면 쿨한 토론가의 특성을 소개하고 싶습니다.

이재명은 토론합니다. 제가 아는 사람들 중 가장 많은 사람과 직접 SNS로 대화하는 사람이고, 주변의 많은 사람들에게 다양한 문제제기를 하고, 여러 의견을 듣습니다. 누구보다 판단이 빠르고 촉이 살아 있지만, 결론을 내리는 데 쓸 수 있는 시간을 최대한 씁니다.

물론 매순간 날아오는 수많은 공격의 화살을 순식간에 쳐내며 앞으로 진전해야 하는 정치의 중심에서 장판교의 조자룡처럼 싸워내야 하는 처지이니, 순식간에 사안을 파악하고 판단하고 결정해야 하는 일이 많습니다. 그러나 숙성을 요하는 사안에서는 반드시 결정을 내려야 하는 최종 시한까지 최대한 반전에 반전을 거듭하는 생각과 토론의 과정을 단축하거나 재촉하지 않는 참을성이 있습니다. 저도 나름대로는 판단이 빠르고 결정을 신중하게 하는 사람이라고 내심 자부하는 편이지만, 이재명 대표가 저보다 순간판단력이 더 빠르고 문제에 대한 촉이 더 살아 있고 결정을 더 신중하게 한다는 느낌을 받은 적이 많습니다. 제가 이 대표의 리더십을 인정하는 중요한 이유 중의 하나일 것입니다.

이재명 대표는 때로 어떤 방향을 생각하면서도 일부러 다른 문제제기를 통해 토론의 장을 열기도 합니다. 그는 당내 '반대토론전문팀'을 제도화해야 조직이 곪지 않는다는 생각을 가지고 있기도 합니다. 실제로 이재명 대표는 금투세(금융투자소득세)*를 비롯해 주요 정책 사안을 결정하는 과정에서 다양한 반론을 권장했고, 일극체제라는 비난을 받으며 당을 운영해오면서 늘 당내 레드팀**의 필요를 제기해온 것이 그런 사례입니다.

돌이켜보면 민주 진영의 지도자들은 다 그랬습니다. 제가 기억하는 김대중, 노무현, 문재인의 모습이 그랬습니다. 토론을 즐겼고, 적극 주장을 펼쳤고, 기꺼이 다른 결론을 수용했습니다. 학습과 토론을 즐기는 것이야말로 민주당 계열의 지도자와 대통령들이 상대 진영과 다른 가장 큰 특성 중 하나입니다.

토론 자체를 즐기고, 토론 과정에서도 딱딱한 권위

---

\* 주식, 채권, 펀드와 이의 파생상품 등 금융투자와 관련해서 발생한 소득에 부과하는 세금. 개인 주식투자자의 보호를 위해 2024년 11월 4일 이재명 대표는 더불어민주당 최고위원회의에서 금투세 폐지에 동의했으며, 세법개정안에 따라 금투세는 2025년 1월 1일부로 폐지되었다.

\*\* 레드팀(Red Team)은 조직의 보안을 테스트하기 위해 공격 진영을 맡은 팀을 일컫는다.

로 상대방이나 토론장 전체를 경직시키지 않는 경쾌함과 유머 감각을 지니고 있는 이재명 대표의 모습은 일일이 그 예를 들기 어려울 정도로 일상적입니다. 그러나 제가 이재명 대표에게서 주목하는 또 하나의 남다른 점은 상대, 특히 대중을 설득하는 데 들이는 두 배의 노력입니다. 이 점이야말로 제가 도저히 따라가기 어렵다고 생각하는 대목이기도 합니다.

당원주권의 화두를 뜨겁게 달구었던 국회의장 후보 선출 파동* 이후, 당은 탈당 대열이 계속되는 충격 속에서 상황을 해결하기 위한 다양한 모색과 토론에 들어갔습니다. 당시 이재명 대표는 '당원주권'이라는 화두를 놓지 않고 연일 현장에서 직접 소통하는 행보를 이어갔습

* 2024년 5월 16일 총 171명의 민주당 국회의원 당선인 중 169명이 참석한 '제22대 국회 전반기 국회의장단 후보 선출 더불어민주당 당선자 총회'에서 우원식(5선) 의원이 과반을 득표해 그간 여론조사에서 70%의 지지를 받았던 추미애(6선) 의원을 제치고 전반기 국회의장 후보에 선출되었다. 민주당 내에서는 이러한 결과에 대한 반발로 다수의 당원이 탈당하는 사태가 발생했다.

니다. 당원들의 참여 열기가 큰 민주당에서도 '당원이 주인'이라는 이 당위적인 구호를 원내대표와 국회의장 선출, 시·도당 위원장 선거에서 당원의 투표 비중을 높이는 구체적인 방안으로 만드는 것은 쉽지 않은 일이었습니다. 성남 시장과 경기도 지사 시절에도 어려운 문제가 생기면 피하지 않고 정면 돌파하는 방식으로 문제를 해결했듯 이 대표는 어쩌면 당의 큰 위기가 되었을 이 국면에 당원들과의 토론, 의원들과의 토론을 계속 이어갔고 결국 상황을 해결할 수 있었습니다.

이재명 대표는 토론 시간을 대충 때우는 형식적인 토론가가 아닙니다. 허락된 모든 토론 시간을 온전히 활용하고, 결론을 내리는 사람입니다. 토론 과정에 본인이 직접 사회자로 참여한 천막 토론*에서는 예정 시간을 훌쩍 넘겨 3시간 넘게 당원들과 직접 소통했는데, 그 과정을

---

* 2024년 5월 21일 국회 본청 앞 천막농성장에서 이재명 대표가 주관한 '해병대원특검과 민주당의 갈 길, 당원 난상토론'을 말한다.

옆에서 지켜보면서 '이재명 대표는 진짜 다르구나', 생각했습니다. 통상적인 방식의 토론이 아닌 직접적 소통의 장을 만들었으며, 보여주기 식의 일회성 퍼포먼스가 아닌, 끝까지 진심을 다해 토론하며 소통하는 모습을 볼 수 있었습니다.

권리당원이 300만이 넘는 민주당이 당원 중심의 대중 정당으로, 많은 국민이 직접 참여해서 행동하고 실천하는 대중 정당으로 가기 위해 당원들의 권한과 역할과 지위를 확대해야 한다고 본 이재명 대표는 서울과 부산[*]을 비롯해 당원과의 직접 소통을 계속 이어갔습니다.

이재명 대표의 진정성은 2024년 10월의 보궐선거 기간에도 빛을 발했습니다. 혁신당과 접전을 펼친 전남 영광 군수 보궐선거 지역을 네 차례 방문하면서 지지를 호

---

[*] 2024년 5월 23일 부산 사하구 벡스코에서 열린 '당원 주권시대' 컨퍼런스 부산·울산·경남편 행사를 일컫는다.

소할 때도 그랬습니다. 호남에 대한 민주당의 진심을 보다 솔직하고 겸허하게 표현했으면 좋겠다는 참모진의 제안에 따라 현장 최고회의의 대표 발언을 할 때, 평소 발언보다 좀 강조하는 정도이겠거니 생각하고 있던 저는 거의 30분 정도 이어진 이재명 대표의 진지한 발언에 솔직히 약간의 충격을 받았습니다. 필요에 의해 약간 노력하는 정도를 훌쩍 뛰어넘어 유튜브 너머에서 귀 기울이고 있는 유권자를 향해 진심으로 자신의 생각을 정성스럽게 소통하는 모습이었습니다. 당원뿐 아니라 대중과 직접 소통을 중요하게 여기는 진정성 있는 모습을 보면서 지금까지 그를 있게 한 동력은 '소통'에 있구나, 깨달았습니다.

이재명 대표는 잘 듣습니다. 그와 토론 현장에 함께 있으면 독선적이라는 이미지는 악의적으로 만들어진 것임을 바로 알 수 있습니다. 이 대표는 토론을 통해 자신의 생각을 바꾸는 유연함도 가지고 있습니다. 비례대표

선거구제를 결정할 때도 그랬습니다.* 토론 과정을 중시해 시간이 허락하는 순간까지 열려 있는 자세로 소통하고 설득하는 사람입니다. 그가 토론 과정을 중요시하는 것은 집단지성에 대한 원칙과 신뢰를 가지고 있기 때문입니다. 제가 본 이재명, 그는 집단지성의 힘을 믿는 토론형 정책결정자입니다.

'당원들이 당의 주인이다. 대한민국 주인이 국민이다. 국민이 곧 국가다'라고 말할 수 있어야 자발적으로 최선을 다하지 않겠습니까, 여러분? 당원 중심의 대중 정당으로, 많은 국민들이 직접 참여해서 행동하고 실천하는 대중 정당으로 그 길로 가기 위해서는 당원들의 권한과 역할, 지위를 확대해야 하지 않겠습니까. 오늘은 그 이야기를 조금 나누고 싶습니다. 길은 정해진 것 같습니다. 해결책은 이미 나온 것 같습니다. 그러면 어떻게 구체적으

---

* 이재명 대표는 초기에 병립형에 대한 선호를 가진 것으로 알려졌지만, 토론 과정을 거쳐 준연동형 안으로 최종 결정을 내렸다.

로 해나갈 수 있을까, 어떠한 방법이 있는지를 오늘 여러분들의 의견을 조금 듣고 싶습니다. 준비되신 분도 꽤 있으실 텐데 사회자의 진행에 따라서 중복되지 않게 자유롭게 의견 말씀해주시고 다른 사람 의견이 조금 마음에 안 들더라도 '저 사람은 저렇게 생각하는구나. 나하고는 생각이 다르구나. 역시 일란성 쌍둥이가 아니니까 당연히 다르구나' 하고 수용해주시기 바랍니다.

여러분 이제 시작입니다. 그리고 우리가 새로 시작해서 도달하게 될 사회는 지금의 우리가 상상하는 사회가 아니라 상상 이상의 사회가 될 것입니다. 그 사회를 향해서, 그 새로운 미래를 위해서 함께 손잡고 작은 차이를 넘어서서 부족한 것은 서로 채우면서 서로 손 꼭 잡고 어깨 걸고 함께 나아갑시다. 감사합니다.*

---

\* 이재명 당대표의 '당원 주권시대' 컨퍼런스 부산·울산·경남편 인사말 중에서.

# 당원주권의
# 신념

제가 수석최고위원으로 당선된 2024년 8월 전당대회는 제1회 당원대회라는 말에 걸맞게 참 독특했습니다. 애초에는 전혀 출마 생각이 없어서 출마 권유에 고심했던 저는 결과적으로 당시 전당대회에 출마하기를 참 잘했다 안도합니다. 최고위원에 1등 당선되어서가 아니라, 이때 나서지 않았다면 당원주권의 놀라운 새 흐름을 직접 경험해보지 못했으리라는 점 때문입니다.

우리 당의 트레이드마크 중 하나가 2002년 도입된 5:5 국민경선입니다. 이를 기획했던 당사자인 제가 18년의 야인 생활을 거쳐 여의도에 돌아와 다시 당원주권의 깃발을 들게 되었다는 것은 참 오묘합니다. 저는 국회의장 선거 파동 이후 이른바 10% 룰을 처음 제안하면서 당원 투표 비중을 포함시키지 않던 국회의장과 원내대표 선거 등에 당원 투표 몫을 포함시키는 제도 개선의 물꼬를 열었습니다. 이재명 대표는 제 제안을 처음부터 적극 환영했습니다. 저로서는 여의도를 오래 떠난 야인 시절이 당원주권의 새 흐름을 남보다 먼저 보고 더 깊이 생각하게 한 축복의 시간이 된 듯합니다.

유튜브는커녕 방송 출연도 즐기지 않던 제가 이번 당원대회를 거치며 얻은 최고의 소득 중 하나는 다양한 온라인과 유튜브의 흐름 속으로 직접 뛰어들 수 있었다는 겁니다.

어느새 정치에 몸을 담은 지 근 40년이 되어가지만 지난 전당대회는 저뿐 아니라 민주화 이후 한국정치사가 경험한 초유의 기록을 많이 남겼습니다. 당대표선거가 아닌 최고위원선거가 그리 많은 주목을 받은 것도 거의 처음이었고, 예선을 통과한 7인의 주자의 처음과 끝 순위가 모두 달라졌던 것은 여야를 통틀어 사상 최초였습니다. 그만큼 다이내믹하고 드라마틱했다는 방증이지요. 초반 바람을 일으켰던 정봉주 후보의 등락을 포함해 누가 5등이 되느냐에 이르기까지 참 많은 화제를 낳았습니다.

최종 안착한 김민석, 전현희, 한준호, 김병주, 이언주 다섯 후보가 모두 경선 기간 중 순위 변경을 경험했다는 것은 달리 말하면 모든 후보에게 위기가 있었다는 이야기입니다. 선거 기간 자기 앞에 닥친 나름의 위기를 극복한 후보들이 결국 살아남은 겁니다. 그들은 각각의 경우에 따라 전략을 바꾸거나, 구호를 바꾸거나, 메시지를 바꾸거나, 연설 방식을 바꾸거나, 실수를 신속히 사과하거나 하는 방식으로 대처했습니다. 기회가 되면 케이스 스터디를 하거나 정치 지망생들 대상의 특강 소재로 삼고 싶을 정도로 재미난 선거였습니다. 그 모든 각자의 케이스와 과정을 관통하는 것이 무엇인지 묻는다면, 저는 솔직함과 유연함, 그리고 그 바탕이 되는 당원과의 소통이라 말하겠습니다. 당원주권이란 측면에서 당원의 관점에서 달리 말한다면 "주권자인 우리들과 솔직하게 끊임없이 소통하며 변화해가라!" 정도가 될 것입니다.

총선을 치르고 얼마 되지 않아 치른 전당대회로 다들 녹초가 되었습니다. 당선되고 가진 첫 최고회의 회식 때 제가 말했습니다. "좀 미안한 얘기이지만, 다음에 출마해서 고생할 사람들 생각하니 왜 이리 고소하냐"라고. 다 같이 맘 편하게 웃었지만, 저는 당원의 바다에 뛰어들어 본 사람과 아닌 사람 사이에는 넘지 못할 강이 있다고 생각합니다. 여의도의 문법이 당원주권의 문법으로 변한 것을 모르는 정치인은 선수를 거듭할수록 힘들어지고, 선수를 거듭하기는 더욱 힘들어질 것입니다.

이 모든 변화의 중심에 이재명이 있습니다. 시대를 읽

고, 읽을 뿐 아니라 종일 손가락을 바쁘게 움직여 체화하고, 변방 장수에서 당대표가 된 후 차근차근 아래로부터의 공천 혁명을 현실화했고, 당원주권의 진지한 당내 토론을 끈기 있게 밀고 나갔고, 당원대회의 전 과정에서 모든 후보들을 차에 태워 생방송 파트너로 삼는 섬세함을 보였고, 집단지성 방식에 의한 당원 참여의 각종 정책 제안을 후원하고 있습니다. 이재명은 일관되게 당원주권의 민주당을 만들고자 했습니다. 당원주권은 시대의 흐름이지만, 그 흐름을 현실화하는 과정에서 개인의 역할을 무시하는 것은 올바른 역사서술도 아니고 객관적이고 중립적인 태도도 아닙니다. 인정할 것은 인정해야 합니다.

저는 민주당이 세계 제일의 당원주권 민주정당이 될 것이며 되어야 한다고 진심으로 믿습니다. 그 중심에 이재명이 선 것은 두고두고 역사에 남을 겁니다. 어찌 보면 제가 그리 인연이 깊지 않았던 이재명 대표와 호흡을 맞추고 편히 일하게 된 가장 큰 바탕은 당원주권에 대한 생각의 결이 같아서일 겁니다.

○

# 정치는
# 국민이 하는 것

정치가 무엇인가라는 질문을 종종 받습니다. 대학에서 정치학을 강의한 적이 있습니다. '훌륭한 정치가로 누구를 생각하느냐'와 '정치란 무엇인가'라는 질문에 어떤 답을 하느냐에 따라 그 사람의 정치철학을 알 수 있다고 생각합니다.

한국 국민이 존경하는 정치인 1위는 세종대왕 아니면 백범 김구 선생입니다. 세종대왕은 백성을 사랑해서 한글까지 지은 애민군주이자 음악 미술에 이르기까지 참으로 많은 분야에서 성과를 낸 탁월한 역량의 지도자였습니다. 백범은 일제 저항에 평생을 바친 반일지도자입니다. 그가 해방 후 쓴 〈나의 소원〉에서 국가 목표를 강한 국가로 잡은 것이 아니라 문화국가로 잡은 것은 참으로 놀랍습니다. 세계 역사 어디에서도 치열한 무장항전 지도자가 그런 꿈을 피력한 것은 찾기 어렵습니다. 한류가 괜히 나온 것이 아닙니다. 그러나 백범은 현실 정치인으로서 꼭 성공했다고 보기는 어렵습니다.

김대중 대통령은 신탁통치 문제와 해방 후 총선 참여 문제에 관한 백범의 입장에 대해 현실 정치의 지도자로선 아쉽다고 평하기도 했습니다. 바로 독립정부를 구성하기 어려운 현실을 간과한 것, 총선에 참여했다면 국회 다수당이 될 기회를 놓친 것에 대한 아쉬움을 표현한 것입니다. 국민이 세종을 평가하는 것을 보면 종합적 유능함과 성과를 중시하는 것으로 보이고, 백범을 높이 평가하는 것을 보면 꼭 성과와 성공보다도 원칙적 방향을 위한 노력과 지조를 평가하는 것으로 보입니다.

공자는 정치를 정자정야(政者正也)*라 했습니다. 서구의 정치학에서는 정치를 합리적 목적을 향한 자원의 배분과 조정으로 정의하는 경우가 많습니다. 제가 대표로 있는 국회의원 연구단체 '약자의 눈'의 모토는 "정치는 약자의 눈으로 미래를 보는 것이다"입니다. 약자의 눈으로 본다는 것은 정치를 보는 근본적인 입장을 강조한 것이고, 미래를 본다는 것은 세상이 변화를 반영해야 한다는 것으로, 정치의 시대성과 합리성을 강조한 것입니다.

김대중 대통령이 남긴 말 중 가장 유명한 것은 "행동하는 양심"입니다. 노무현 대통령은 "민주주의의 최후 보루는 시민의 조직된 힘"이라는 말씀을 남겼지요.

* 《논어》 안연(顏淵)편에 나오는 글귀로 '천하를 바로잡는 것이 정치다' 혹은 '정치는 올바름이다'라는 뜻이다.

정치는 무엇보다도 현실적인 영역의 일이지만 저는 종종 정치야말로 가장 철학적인 일이라는 생각을 합니다. 클린턴 대통령의 전략 참모였던 딕 모리스는 《신군주론》이라는 책에서 정치는 생각보다 이상적이라면서 스캔들보다 중요한 것은 이슈라고 주장합니다. 즉, 목전의 스캔들이나 네거티브에 사로잡히기보다 긍정적인 이슈와 포지티브라는 정치 본연의 과제에 집중할 것을 권합니다.

이재명 대표에게서 가장 오래 기억될 말은 무엇일까요? 저는 "정치란 정치인이 하는 것 같아도 실은 국민이 하는 것"이라는 말이 아닐까 합니다. 이재명 대표의 연설 중에 상당 부분은 정치의 주인이 주권자인 국민이라는 것, 정치인의 권한은 잠시 위임된 것이라는 내용으로 채워지는 경우가 많습니다. 어찌 보면 철학적이고 원칙적이고 추상적인 이야기인데 매번 이 내용이 현실적 내용을 다루는 그의 연설 어딘가에 자연스레 스며들어서 나오곤 합니다.

정치는 생물(김대중), 정치는 허업(김종필)이란 이야기와 달리 이재명은 정치를 정치인의 관점에서 풀지 않고 주권자의 것이라는 관점에서 풉니다. 정치는 국민이 하는 것이라는 그의 깨달음이 언제 어디서부터 시작되었는지, 그가 언제부터 이런 표현을 쓰기 시작했는지는 저도 모릅니다. 기회가 되면 한번 물어볼까 합니다. 그러나 분명한 것은 그것이 그의 철학이 되었고, 몸에 배어 오늘의 이재명을 만든 모든 생각의 기반이 되었다는 것입니다. 정치는 정치인이 하는 것 같지만 결국 국민이 하는 것이라는 이재명의 말보다 이번 내란 진압의 과정을 선명하게 표현하는 말이 또 있을까 싶습니다. 윤석열 내란의 궁극적 진압자는 국민이었습니다. 정치는 국민이 하는 것이라는 평범하고 단순한 말이 담고 있는 시대정신이 이재명의 오늘을 만들어온 동력이기도 하다고 생각합니다.

o

# 김대중과 이재명의
# 공통점

저는 김대중의 사람입니다. 선택받고, 배우고, 존경했고, 첫 대통령이었고, 영원한 대통령으로 마음에 새겼습니다. 시간이 지날수록, 나이가 들수록, 나라가 어려워질수록, 더 생각합니다. 김대중이 풀어냈던 시기보다 더 어려워진 국제정세를 생각하며 공부를 각오하고, 다시 책을 읽고 분발합니다.

그가 당선된 1997년 12월 대선 한 달 내내 그의 승용차 옆자리에 함께 탔던 막내 초선 의원이었고, 30대 중

반의 재선의원 때는 김대중 대통령이 만든 새천년민주당의 기획과 영입부터 공천 실무까지 도맡으며 현직 대통령 김대중의 총재비서실장으로 뛰었습니다.

그런 제가 지난 2024년 8월의 전당대회 내내 이재명 대표와 김대중 대통령을 잇는 징검다리가 되겠노라 외쳤습니다. 고난의 개인사를 극복하고 IMF의 국가고난을 극복한 김대중의 인생이, 힘겨운 개인사를 헤쳐 총체적 난국에 빠진 국가를 살려야 할 이재명의 숙명과 자꾸 겹쳐 보였고, 또 그런 자각과 사명감으로 나아가야 한다는 절박함을 사람들에게, 누구보다 이재명 본인에게 전하고 싶었기 때문입니다.

죽을 고비와 험한 삶을 헤쳐왔다는 점에서, 정치하는 내내 온갖 낙인에 찍혀왔다는 점에서, 험로를 헤쳐온 사람이 쉽게 지니기 어려운 유쾌함이 몸에 배어 있다는 점에서, 많은 사람의 사랑을 받는다는 점에서, 본능적으로 합리와 중도를 지향한다는 점에서, 그러면서도 동세대의 정치인들 중 가장 진보적인 어젠다를 굽히지 않고 제기해왔다는 점에서, 토론과 설득을 즐긴다는 점에서, 토론의 결과로 자기 생각을 바꾸는 유연함의 공간을 가지고 있다는 점에서, 저는 김대중과 이재명의 공통점을 봅니다.

그러고 보니 대통령을 만들어보자고 제가 정말 전력투구한다는 점도 같습니다. 미리 맞춘 것도 아닌데 지나고 보면 생각이 비슷하다고 느낄 때가 많았던 김대중 대통령에게서 느꼈던 것 같은 생각교집합을 이재명 대표에게서도 느끼는 경우가 많아서일 수도 있고, 김대중과 이재명 두 분 모두 제가 비교적 한눈 안 팔고 일만 하는 사람이라는 것을 알아봐주고 일을 맡겨주어서일 수도 있을 겁니다.

대통령에 당선되기 전전날, 좋아하시던 중국 음식으로 저녁을 하다가, "총재님, IMF로 나라가 이렇게 어려울 때 대통령이 되셔서 나라를 구하시라고 평생 그렇게 하늘이 떨어뜨리셨나 봅니다"라는 제 말씀에 "그래, 그런 것 같지?"라고 갑자기 울컥하며 답하셔서 저를 뻘쭘하고 죄송스럽게 했던 김대중의 눈물이 생각납니다.

김대중처럼 개인적 험난함을 이겨내고 국가의 운을 일으키는 이재명이 되기를 바랍니다.

"이재명의 숙명은 위기 극복인 것 같다."

지난 2022년 대선 당시 제가 했던 말입니다. 숙명처럼 위기를 극복하고, 취임사에서 국민이 감내해야 할 고난을 언급하며 목메었던 김대중처럼, 자신이 겪어온 모든 개인사의 어려움을 국가 위기 극복의 내공으로 전환시켜 뜨거운 눈물로 나라를 살릴 각오를 하는 이재명을 보고 싶습니다.

o

# 이재명의 인사관

　장고 끝에 폐지. 금투세 얘기입니다. 정확하게는 폐
지가 아니라 폐지론에 동의하는 결정을 한 겁니다. 참 지
난하게 토론했고 방향을 잡고도 최종 결정과 발표까지
뜸을 오래 들였습니다. 소득이 있으면 과세를 하는 게 맞
다는 원칙에 당 모두가 공감하면서도 주식시장이 너무
오래 안 좋은 상태이고 개미투자자들의 우려가 크다는
것이, 예정했던 금투세 시행을 그대로 할지 말지 치열하
게 논쟁했던 배경입니다. 시장을 개혁하고 증시를 활성
화해서 당초의 안을 시행하자는 잠시 유예 및 보완 후 시

행 안이 가장 다수안이었지만 결국 폐지론에 동의할 수밖에 없었던 이유는 윤석열 대통령의 거부권 행사로 유예안이 무력화되리라는 속 쓰린 현실적 전망 때문이었습니다.

금투세 논쟁의 중심에 있던 인물 중 하나가 진성준 정책위원회 의장입니다. 소문난 원칙주의자이고 금투세 시행론자였습니다. 문제는 당대표 재선을 향한 전당대회 출마 선언에서 금투세 개폐 문제를 처음 제기했던 이재명 대표가 대표 재선 이후 진성준 정책위원회 의장을 재임명했다는 점입니다.

내로라하는 알려진 정치 분석가들이 이 인사를 두고 이재명의 마음이 금투세 시행으로 기울었다고 분석했습니다. 제 생각과 해석은 달랐습니다. 진성준 재임명은 이재명의 금투세 입장을 예고한 것이 아니라 이재명의 인사관을 보여주는 것이라고 생각하고, 사람들에게 그리 얘기했습니다.

실력 있는 사람, 자기 노선에 소신을 지키는 사람, 그렇지만 그 소신에도 불구하고 조직의 민주적 토론에 길을 열어주는 사람, 혹 자기 소신과 다른 결론이 나와도 조직의 민주적 결론에 승복하는 사람. 이런 사람을 선호하는 것이 이재명의 인사관이라 생각했습니다. 제 이런 해석을 들은 이들 중 많은 분이 진짜로 그러한가 하고 갸우뚱했습니다.

전당대회 이후 오랜 토론 배틀, 그리고 지도부에 결정을 위임한 후에도 숙성 시간을 포함해 약 두 달이 지난 후에 이재명 대표는 본인 말대로 정말 싫은 결정이었던 금투세 폐지 동의 결정을 발표했습니다. 진성준 의장의 소신과 다른 최종 결정이 내려진 것이지요.

다음 날 진성준 의장의 인터뷰를 보았습니다. 이재명 대표의 금투세 폐지 결정 발표 내내 굳게 입을 다물고 있던 진 의장의 일성은 "본인의 정책적 소신과는 다르지만 당의 민주적 결정에는 동의한다"는 것이었습니다.

저는 이재명의 인사관에 대한 제 해석이 맞았다고 생각합니다. 이재명 대표는 각자의 소신을 인정했을 뿐 아니라 당내의 더 치열한 정책 토론을 권장하고 그 장을 제안했습니다. 그 토론의 과정에서 자신도 생각을 바꿔가는 이재명 대표를 보면서 저는 다행이라 느꼈습니다. 실력과 소신을 갖춘 사람들에게 자신의 소신을 이야기하도록 길을 열어주는 지도자의 여백과 절제가 왜 필요한지를 이해하는 이재명의 인사 스타일이 이후로도 계속 남아 있기를 바랍니다. 그 여백이 좁아질 것 같으면 잔소리를 하겠습니다. 여백의 초심을 지키시라고.

실력 있는 사람들이 원칙을 지키며 민주적으로 토론하는 조직. 조직을 그렇게 운영해가는 리더가 대한민국을 살릴 것입니다.

o

# 비운동권의
# 약속

여건이 좋아지면 그때 금투세의 취지를 살리는 입법을 하겠다는 약속을 논의하면서, 김대중 대통령을 떠올렸습니다. 평생 많은 진보적인 어젠다를 갈고닦았던 김대중의 집권은 IMF 위기 극복이란 숙제와 함께 시작되었습니다. 인생이 그렇듯 정치도 참 예측 불허입니다. 평생 쌓인 김대중의 국제적 크레딧이 대한민국의 위기 극복 자산으로 쓰일 줄 누가 알았겠습니까? 실제로 IMF 위기 극복 과정에서 나라와 국민은 김대중 덕을 보았습니다. 훌륭한 정치가 한 명의 의미는 때로는 그렇게 큽니다.

묘한 것은 김대중이 문제를 풀어간 순서입니다. 진보
적인 정치인 김대중은 가장 보수적인 정치인 김종필과
손잡은 DJP연합 위에서 금융 위기 극복과 구조개혁에
집중했고, 그 일이 한 고비를 넘긴 후에 비로소 그의 필
생 숙원이던 남북관계와 복지국가 구축의 영역으로 발
길을 옮겼습니다.

김대중이 정치 은퇴 약속을 어기고 정계에 복귀한다
고 비판했던 도덕주의적 비판가들의 대열에는 이 나라
대부분의 진보 언론과 정치인들이 포함되어 있었습니
다. 심지어 노무현 대통령도 그런 분들 중 하나였죠. 김
대중이 집권하고 나라를 살리고 은퇴한 시점에 "김대중
의 정계 복귀는 잘못된 것이었나?"라고 질문했다면 어
떠했을까요? 어쨌든 천국을 살리려 지옥을 통과한다는
약속처럼 엄청난 비판을 받았던 DJP를 통해 김대중은
자신의 많은 약속을 지켰습니다. 더 정확하게는 약속들

을 잊지 않고 지켜갔습니다.

이재명도 그럴 수 있을까? 당장을 모면하고 눈앞의
표만을 보고 금투세를 포기하면 과세 정의는 '바이바이'
아닐까? 이런 질문 앞에서 떠올린 장면이 있습니다. 대학
시절 운동권 참여를 권유받고 사시 합격 후에 시민에게
봉사하겠다고 약속했다는 이재명의 모습입니다. 그때의
장면을 저는 이재명의 친구가 쓴 글에서 읽었습니다.

제 대학 시절에 너무 형편이 어렵거나 어린 시절 광
주에서 학살의 현장을 목도한 친구들은 학생운동에 참
여하지 못했습니다. 목구멍이 포도청이어서 데모하러
다닐 여유가 없고, 학생운동 참여의 미래가 일신의 어려
움으로 이어지는 것을 너무 잘 알았기 때문이었겠지요.
제 가장 친했던 친구들 가운데 그런 경우에 해당하는 친
구들이 지녔을 마음을 저는 너무 잘 이해합니다. 그래서
흔히 운동은 프롤레타리아가 아닌 프티부르주아가 한다
고도 하고, 강남 좌파들이 많은 이유이기도 할 겁니다.

장학금을 받아야 가정을 부양할 수 있었던 이재명은 학생운동에 참여할 수 없었고, 데모의 현장에 함께하는 것이 쉽지 않았습니다. 그러나 스스로 일베와도 같은 잘못된 생각을 하고 있었다고 고백한 과거의 소년노동자 이재명은 대학생이 된 후 세상을 다시 봤고, 사시 합격 후 시민운동을 하겠다는 약속을 했고, 그 약속을 지켰습니다. 어떤 친구도 믿지 않았던, 아마 잊어버렸을 약속이었습니다.

사실 판검사가 될 성적이 되고, 검사를 하면 정말 잘할 것이라는 주변의 평가와 권유를 받았는데도 변호사 개업의 길을 선택하고, 숙명의 터전 성남에서 인권변호사로 삶을 개척할 사람이 과연 몇이나 되겠습니까? 나라면 그런 선택을 할 수 있었을까요? 왜? 굳이 왜? 차라리 돈 벌어서 좋은 일 하자는 내면의 속삭임이 없었을까요?

자신의 약속을 지킨 이재명이 오늘을 참아 내일의 약속을 지켜가는 개혁의 미래를 기대합니다.

○

# 칼 테러,
# 그 후

이재명을 찌른 부산의 칼 테러[*]는 충격이었습니다. 오
랜 연습을 거친 준비된 칼이 간발의 차이로 목숨을 비켜
갔습니다. 곁에 있던 사람이 다 들었을 만큼의 '퍽' 하는
큰 소리는 수천 번을 연습한 무서운 살의가 와이셔츠 깃

[*] 2024년 1월 2일 오전 10시 29분경 지지자로 위장하고 접근한 김진성이
개조한 양날형 검으로 이재명 대표의 목을 찌른 정치 테러 살인미수 사
건. 이 대표는 내경정맥 9mm 손상으로 8일간 입원 치료를 받았다.

에 걸려 1mm도 안 되는 차이로 빗겨가며 몸속으로 들어가는 소리였습니다. 쓰러진 순간 '아, 이렇게 죽는 거구나' 하는 생각이 머리를 스쳤다는 그의 목에서 뿜어진 피는, 경찰들이 순식간에 다 닦아버린 후에도 나무 바닥 아래의 흙이 흥건히 적셔져 있을 만큼 양이 많았다 합니다.

총선 99일 전이었습니다. 저를 비롯한 많은 예비 후보자들이 지하철역 등에서 출퇴근 인사를 한참 하고 있던 시기였습니다. 때로는 반가움을 표시하는 지지자가, 때로는 불만을 가진 반대편 유권자가 쓴소리를 하러 다가와 한마디하고 가는 것이 일상인 그런 시간, 칼 테러 소식을 듣고 며칠은 누군가 갑자기 다가오면 저도 모르게 긴장했던 것을 기억합니다. 두려움과 경계심이 전파되듯 적의와 공격성도 전파될 것 같은 분위기에 순간순간 움찔했던 것은, 보기보다 겁이 많아 평생 맞은 주사 한 방에도 그때마다 미리 인상을 쓰는 제 성향 때문만은 아니었을 듯합니다.

대선 내내 김대중 후보를 따라다닐 때, 좀체 미동 않는 그에게 참 놀랐습니다. 정동영, 추미애 등 난다 긴다 하는 당시 초선 의원들이 온갖 의견과 소식을 전하며 그에게 각종 주문을 난사할 때에도, 등락하는 각종 여론조사를 들이대며 이래야 이긴다, 저러면 진다고 협박하는 여론조사 전문가들이 멘탈을 흔들 때에도, 전쟁 같은 선거판에서 하루가 멀다 하고 터지는 수다한 사건 앞에서도 그의 표정과 음성에는 미동이 없었습니다. 그때 생각했습니다.

'평생 떨어진 것이 저런 덕이 될 수도 있는 거구나.'

몇 차례나 사선을 넘나든 고난과 실패가 쌓아올린 역정과 연륜에는 그런 힘이 있었습니다.

이재명이 달라졌다고 느낀 첫 순간은 칼 테러 이후 그가 회복해서 가진 첫 기자회견 때였습니다. 국회 사랑채에서 열린 기자회견의 기조와 내용 준비에 참여했던 몇 사람이 옆을 지켰습니다. 그 기자회견의 질의응답을 지켜보며 저는 김대중의 의연함에서 느꼈던 음성과 표정을 읽었습니다. 분명히 전과 달랐습니다.

많은 지지자들이 이재명 대표의 경호를 걱정하는 문자를 저 같은 주변 사람에게도 보내옵니다. 당연한 걱정이지요. 계엄과 테러, 사법살인 아니면 정권교체를 막을 길 없는 정권과 하루하루 초긴장의 싸움을 벌이면서 당연히 그의 경호를 걱정하게 됩니다. 해방 후 정국에서 백범 김구와 몽양 여운형 같은 정치 지도자들을 잃은 역사적 경험이 새겨지고 내려오고 있는 대한민국이니 더 그렇습니다.

경호 문제가 주제로 올랐던 몇 번의 대화 때마다 이재명의 반응은 같았습니다.

"경호에 돈 더 쓰지 마세요."

경호의 의미가 실제 본인의 안전보다는 최소한의 질서와 보는 이들의 심리적 위안에 기여하는 바가 더 크다고 보는 그의 생각은 칼 테러 이후 확실히 자리 잡은 것처럼 보입니다. 하긴, 평소 연설할 때 정면을 보다가 우연히 전광판을 바라본 순간 총알이 귓가를 스쳐 목숨을 구한 트럼프도, 저격 직후의 수술에서 깨어나 "총알을 피하는 것을 깜박했다"는 농담으로 지지자와 반대자 모두를 안심시켰던 레이건도, 결국 저격의 탄환을 피하지 못했던 케네디와 링컨도 모두 경호 세계 제일의 미국 대통령들이었음을 생각하면, 인간의 생사가 얼마나 두터운 철벽방어를 하느냐 여부로 결정나는 것만은 아닌 듯도 합니다.

사건수사를 적당히 덮어버린 경찰과, 테러와 치료 과정조차 정치 쟁점화하며 의미와 파장을 축소하려 한 이들은 칼 테러 사건 이후에도 여전히 한심했지만 이재명이 달라진 것은 분명합니다. 제2차 세계대전 당시 포탄이 쏟아지는 함상에서 유유히 산책하며 장병들을 안정

시켰던 한 해군 제독의 이야기를 읽었던 기억이 있습니다. 충격과 격동의 순간과 압박에도 평상을 유지할 수 있는 것은 리더십의 중요한 덕목입니다.

"나를 죽이지 못한 것은 나를 더 강하게 만든다."*

칼 테러가 죽이지 못한 이재명에게 주어진 더 큰 평상심은 어쩌면 또 하나의 훈련이자 축복이었을지도 모릅니다.

---

* 니체의 《우상의 황혼》에 나오는 말. 빅터 프랭클의 《죽음의 수용소에서》에도 언급되었다.

## 에필로그

# 다시 대한민국! 다시 이재명!

이재명 대표가 성남 시장이던 시절, 우리 당에도 저런 정치인이 하나 있었으면 좋겠다는 생각을 했습니다. 자기 색깔이 확실해서 보기 좋았습니다. 그 후 가깝게 일할 기회는 없었지만 늘 호감이 있었습니다. 비판적 입장을 가졌던 적도 한 번 있습니다. 2021년 서울 시장 보궐선거 패배에 대해 당시 당의 지도부들이 책임을 져야 한다는 생각 때문이었습니다. 보수 언론과 당내 반대 세력이 시비하던 이른바 사법리스크는 완전히 잘못된 프레임이라 생각했습니다. 저 자신이 정치검찰의 행태에 대해 너무 잘 알고 있었기 때문에 이재명 대표를 향해 자행된 집요한 검찰의 공격에 대해서는 참 억울하고 힘들겠구나 하는 동지적 마음이 컸던 것 같습니다.

지난 20대 대선 때는 선거 초반에 전략본부장을 맡았습니다. 첫 선대위 구성 당시 모든 중요 본부장이 공동이었는데 저만 단독으로 맡았었습니다. 맡고 보니 선대위가 너무 비대하게 구성되어 오히려 선거에 도움이 안 된다는 생각이 들어서 당시 이재명 후보에게 선대위 해체 후 슬림한 선대위로의 전환과 지난 정부의 이러저러한 잘못에 대한 사과를 건의하고 전략본부장직을 내려놓았습니다. 제 나름으로는 그것이 상황을 반전시킬 큰 전략이라고 본 것이고, 실제 그 계기로 지지율이 상승하여 우위를 점하게 되어 다행이라 생각했는데 아쉽게도 그 후 지지율이 서서히 빠지며 결국 대선 패배에 이른 쓰라림이 두고두고 남았습니다.

이재명 대표가 당대표를 맡은 이후 제가 정책위 의장

을 맡으면서 처음으로 당직에서 호흡을 맞추게 되었습니다. 당시만 해도 당내에 이 대표의 리더십이 안정적으로 자리 잡기 이전이었는데, 조금이나마 힘을 보태야겠다는 생각에 당직을 맡고 함께했습니다. '천원의 아침밥' 등 여러 가지 이슈를 선제적으로 제기하며 열심히 일했습니다. 2024년 총선 때는 상황실장을 맡았습니다. 너무 중요한 선거라는 생각에 제가 자원해서 정책을 챙기겠다고 했는데, 한 걸음 나아가 선거 전반을 챙기는 상황실장을 맡게 되었습니다. 제 지역구가 실은 좀 빡빡한 곳이어서 당의 선거를 챙기다 제가 떨어질 뻔할 정도로 아슬아슬했지만 최선을 다했습니다.

이렇게 쌓인 인연이 이어져 지난 전당대회에 출마해 이재명 대표의 당대표 선거를 챙기는 한편 수석최고위원이 되어 계속 함께 일을 하고 오늘에 이르렀습니다.

이재명 대표의 집권플랜본부장이 되겠다는 것이 지난 전당대회 출마의 각오이고 변이었습니다. 집권 준비를 내세우는 것이 너무 이르다는 반응도 있었지만 그런 공세적 입장을 가지는 것이 실제로 반드시 필요하다 생각했습니다.

이재명 대표에 대해 느낀 바를 정리해서 책을 내봐야 겠다는 생각을 한 것은 최고위원이 되고 같이 회의를 거듭하면서부터였습니다. 그때그때 느낀 것들을 간단히 메모도 하고 시간 날 때 한 꼭지씩 써보기도 하다가, 2024년 12월 3일 비상계엄 사태가 일어나면서 글쓰기는 중단되었습니다. 시간도 없었고 마음의 여유도 없었습니다.

사실상 포기했던 글쓰기를 다시 시작한 것은 파면 며칠 전부터였습니다. 계엄에서 파면에 이르는 과정을 이끈 이 대표의 리더십을 정리해두는 일을 해야만 할 것 같았습니다.

개인 이재명에 대해 더 쓰고 싶은 글들을 과감히 줄였습니다. 저 자신이 내란을 헤쳐나오면서 좀체 여유를

낼 수 없는 빡빡한 상황에서 쓰는 책이기도 하고 최대한 사족처럼 느껴질 부분은 덜어내는 편이 낫겠다는 생각이었습니다. 가장 최근에 당대표로서 밝힌 그의 국정구상을 현재로서 가장 잘 볼 수 있겠다는 생각에서 교섭단체 연설문을 부록으로 추가했습니다. 참고가 되셨으면 합니다.

이재명 대표는 본능적인 민생실용파입니다. 계엄 이전 윤석열 정권의 우크라이나 전쟁 개입 시도를 비판할 때, '전쟁이냐 평화냐'라는 전통적인 프레임과 달리 '전쟁이냐 민생이냐'라는 대칭으로 상황을 정리하는 것을 보면서, 이재명 대표는 학생운동 출신의 이른바 동년배 586 정치인들과는 확실히 감각이 다르구나 하는 것을 느꼈습니다. 흥미로웠고 다행스러웠습니다.

그런가 하면 남들이 잘 알아보지 못하는 인문적 기질을 곳곳에 감춰놓은 사람입니다. 일상적 대화 속에 묻어나오는 그의 역사에 대한 관심, 큰 시대적 흐름의 방향과

줄기를 잡아서 정리해보려는 욕구 등을 저는 종종 발견했습니다.

그러나 뭐니 뭐니 해도 가까이서 그를 지켜보면서 발견하고 배운 가장 큰 덕목은 집단지성에 대한 궁극적 신뢰, 그리고 대중의 집단지성과 소통하려는 성실성입니다.

그것이 집단지성의 시대, 깨어 행동하는 양심적 시민의 시대에 이재명을 정치의 맨 앞으로 끌어올린 힘이고, 결국 그 집단지성이 이번 내란 극복의 진정한 힘이었습니다.

이재명 대표의 말대로 결국 정치는 국민이 하는 것입니다. 저로 하여금 그 점에 대해 더 깊이 생각하도록 해준 이재명 대표 자신이, 정치의 주인이고 주권자인 국민에 대한 겸허함을 잃지 않고 내란 척결과 경제 살리기에 성공해 위기의 대한민국을 살려가길 바랍니다. 민주주의 만세! 대한국민 만세!

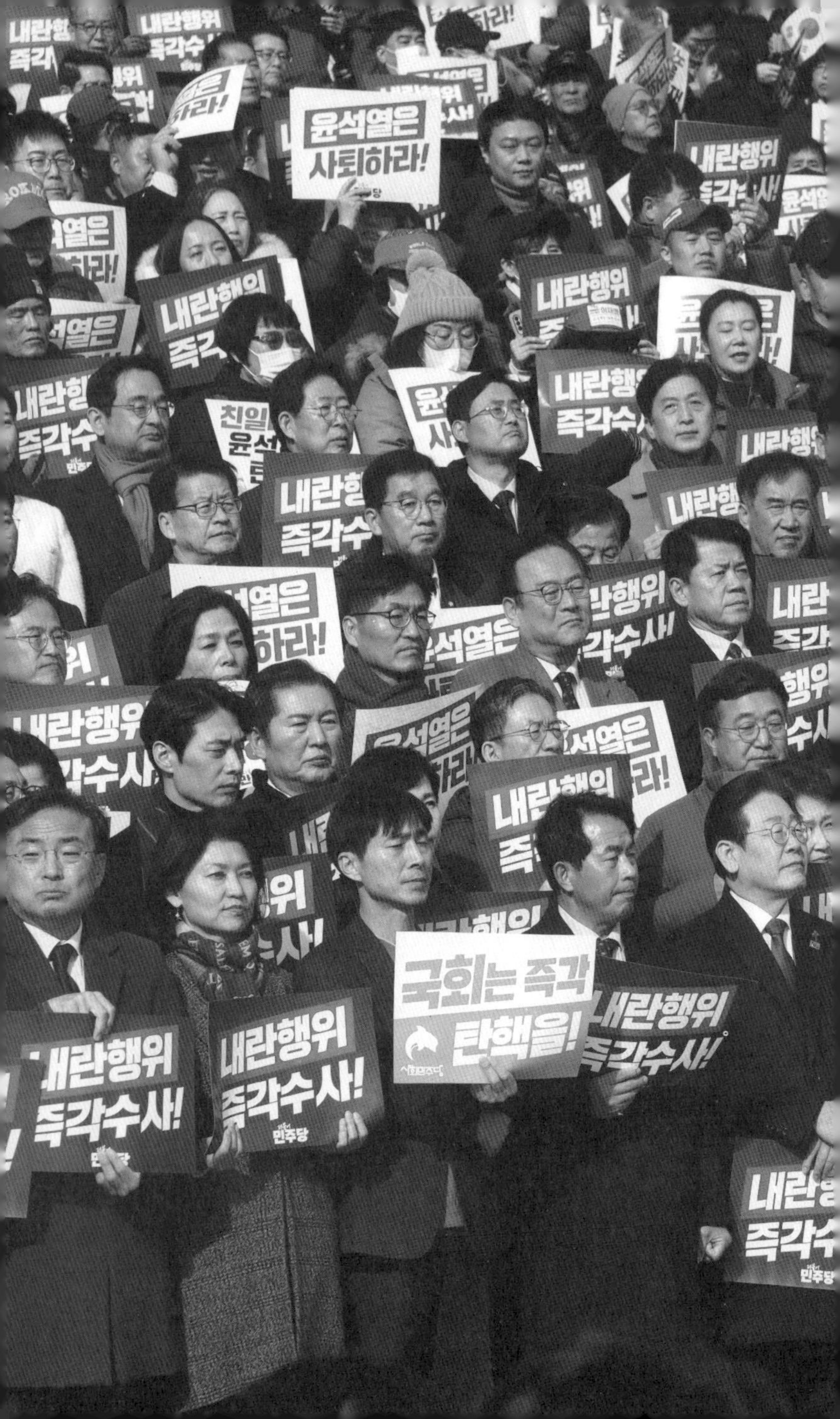
윤석열은
사퇴하라!
내란행위
즉각수사!
민주당
국회는 즉각
탄핵을!

이재명 대표,
국회 (임시회) 교섭단체대표연설문
(2025년 2월 10일)

# 회복과 성장,
# 다시 대한민국!

존경하는 국민 여러분, 그리고 해외동포 여러분! 우원식 국회의장님과 선배·동료 의원 여러분, 그리고 함께하신 국무위원 여러분, 더불어민주당 대표 이재명입니다.

대한민국은 지금 유례없는 위기, 역사적 대전환점에 서 있습니다. 식민지에서 해방돼 유일하게 산업화와 민주화에 성공한 나라. 세계 10위 경제력, 세계 5위 군사력을 자랑하며 K컬처로 세계 문화를 선도하던 문화강국, 이 자랑스러운 대한민국에서 예측조차 망상으로 치부될 만큼 비상계엄은 상상조차 불가한 일이었습니다.

그런데 하늘이 놀라고 땅이 진동할 '대통령의 친위군사쿠데타'가 현실이 되었습니다. 국민과 국회에 의해 주동 세력은 제압되었지만, 내란 잔당의 폭동과 저항이 두 달 넘게 계속되며 대한민국의 모든 성취가 일거에 물거품이 될 처지입니다. 권력욕에 의한 친위군사쿠데타는 온 국민이 피로 쟁취한 민주주의와 헌법질서를 송두리째 파괴 중입니다.

'군의 정치적 중립 보장', '헌정질서 파괴와 기본권 제한 금지'라는 1987년의 역사적 합의를 한 줌 티끌로 만들었습니다.

세계가 인정하던 민주주의, 경제, 문화, 국방 강국의 위상은 무너지고 일순간에 '눈 떠보니 후진국'으로 전락했습니다.

안 그래도 힘겨운 국민의 삶은 벼랑 끝에 내몰렸습니다. 외신의 아픈 지적처럼 "계엄의 경제적 대가를 오천만 국민이 두고두고 할부로 갚게" 되었습니다.

수십, 수백조 원의 직접 피해는 물론, 신뢰 상실, 국격 훼손 같은 계산조차 불가능한 엄청난 피해였습니다. 무엇보다 큰 상처는, 언제 내전이 벌어져도 이상할 게 없는 '극단주의'가 우리 사회에 광범하게 배태(胚胎)되었다는 사실입니다.

헌법재판소, 법원, 선거관리위원회까지, 헌법기관에 대한 근거 없는 불신과 폭력이 난무합니다. 자유민주적 기본 질서라는 헌법 원리를 부정하는 '반헌법, 헌정파괴세력'이 현실의 전면에 등장했습니다.

존경하고 사랑하는 국민 여러분. 그럼에도 불구하고, 저와 수없이 많은 동료들은 확신합니다.

국민의 삶과 국가의 미래를 망치고, 비루한 사익과 권력을 좇던 '헌정파괴세력'이 여전히 반란과 퇴행을 계속 중이지만, 우리의 강한 민주주의는 이 어둠과 혼란을 걷어내고 더 밝은 미래와 더 활기찬 희망을 만들어낼 것으로 확신합니다.

산이 높을수록 바람은 더 세지만 더 높이 올라야, 더 멀리 볼 수 있습니다. 군사정권을 통한 영구집권 시도, 어처구니없는 친위군사쿠데타가 세계를 경악시켰지만, 이제 그들은 대한민국 민주공화정의 회복력과 대한국민의

저력에 다시 놀라게 될 것입니다.

우리의 민주주의는 서슬 퍼런 권력에 온몸으로 맞선 우리 국민의 의지를 모아 전진해 왔습니다. 5천 년 한반도 역사에서 위기를 만든 것은 언제나 무책임하고 무능한 기득권들이었지만 그 위기를 이겨내고 새 길을 열어낸 것은 언제나 깨어 행동하는 국민들이었습니다.

더불어민주당은 민주공화정의 가치를 존중하는 모든 사람과 함께 '헌정수호연대'를 구성하고, '헌정파괴세력'에 맞서 끝까지 싸워 이기겠습니다.

국민과 함께, 무너진 국격과 신뢰, 경제와 민생, 평화와 민주주의를 회복하겠습니다. 국민에게 희망의 길을 제시하고, 새로운 성장동력을 만들며, 공정한 성장으로 격차 완화와 지속성장의 길을 열어가겠습니다.

1980년, 불의한 권력이 철수한 찰나의 광주에서 우리 모두가 꾸었던 꿈, 함께 사는 '대동세상'의 꿈은 2016년 촛불혁명을 지나 2024년 '빛의 혁명'으로 이어지고 있습니다. 1894년 우금치 고개를 넘지 못한 동학농민군의 꿈은 2024년 마침내 남태령을 넘었습니다.

지금 이 순간에도 광장을 물들이는 '오색 빛들'의 외침은 우리를 다시 만날 새로운 세계, 더 나은 세상으로 이끌고 있습니다.

세계사에 유례없는 최악의 출생률과 자살률, 희망이 사라지고, 삶을 포기할 만큼 처절한 현실을 이제는 바꿔야 한다고 외치고 있습니다. 모두가 함께 잘 사는 세상, 다시 희망이 펄떡이는 나라, 모든 국민의 기본적 삶이 보장되는 '기본이 튼튼한 나라'를 가리키고 있습니다.

안타깝게도 우리 경제가 1%대 저성장에 들어섰습니다. 자칫 역성장까지 우려되는 상황입니다. 기회와 자원의 불평등이 심화되고, 격차와 양극화가 성장을 막는 악순

환이 지속되고 있습니다. 저성장으로 기회가 줄어들다 보니, 경쟁 대신 전쟁만 남았습니다. '오징어게임' 주인공들처럼, 사회적 약자가 된 청년들은 협력과 공존이 아닌 상대를 죽여야 사는 극한경쟁에 내몰립니다. 경쟁 탈락이 곧 죽음인 사회가 서로 죽이자는 극단주의를 낳았습니다. 국가소멸 위기를 불러온 저출생은 불안한 미래와 절망이 잉태한 것입니다. 공동체의 존망이 걸린 출생과 양육은 이제 부모들이 아닌 공동체의 책임이 되어야 합니다.

AI로 상징되는 첨단기술 시대는 전통적인 노동 개념과 복지 시스템을 근본에서 뒤바꿀 것입니다. AI와 신기술로 생산성이 높아지는 대신, 노동의 역할과 몫의 축소는 필연입니다. **AI와 첨단기술에 의한 생산성 향상은 '노동시간 단축'으로 이어져야 합니다.** 창의와 자율이 핵심인 첨단과학기술 시대에 장시간의 억지 노동은 전혀 어울리지 않습니다.

양으로 승부하는 시대는 갔습니다. 노동시간 연장과 노동 착취로는 치열한 국제경쟁에서 생존조차 할 수 없습니다. 우리는 OECD 국가 중 장시간 노동 5위로 OECD 평균(1752시간)보다 한 달 이상(149시간) 더 일하고 있습니다.(2022년 기준) **창의와 자율의 첨단기술 사회로 가려면 노동시간을 줄이고 '주 4.5일제'를 거쳐 '주 4일 근무 국가'로 나아가야 합니다.**

특별한 필요 때문에 불가피하게 특정 영역의 노동시간을 유연화하더라도, 그것이 총 노동시간 연장이나 노동대가 회피 수단이 되면 안 됩니다.

대한민국이 주 52시간 정하고 있습니다. 곱하기 연 54주 하면 2,800시간입니다. 그런데 OECD 평균 노동시간이 1,700시간대 아닙니까. 지금 3,000시간 넘겨 일하자는 것 아니잖습니까. 유연화를 하더라도, 총 노동시간을 늘리자는 소리를 누가 하겠습니까.

삼성도 그렇게 하지 않겠다고 하지 않습니까. 원하는 것은 유연화하자는 것이지, 총 노동시간을 늘리는 것이 아니라고 말하고 있습니다.

그리고 또 한 가지는, 노동시간을 늘리지 않고 유연화하되, 노동의 강도가 올라가면, 즉 심야 노동을 하거나, 주말 노동을 하거나, 현장 노동을 하면, 그에 따른 상응한 대가는 지불하겠다고 하지 않습니까.

그런 방식의 노동 착취로 어떻게 국제경쟁을 하겠습니까. 최첨단기술 가지고 전 세계의 글로벌기업들과 경쟁하겠다는 첨단산업 기업들이 노동 착취하고, 노동시간 늘려 경쟁하겠다는, 그런 말을 하는 것이 아닐 겁니다.

**첨단기술 분야에서 장시간 노동, 노동 착취로 국제경쟁력을 확보하겠다는 말은 그 자체가 형용모순이라는 말씀을 드립니다.** 우리 국민의힘 의원님 여러분 이해하시겠습니까.

누구나 일할 수 있음을 전제로 예외적 탈락자만 구제하는 현재의 복지제도는 인공지능과 로봇이 생산의 주축이 되는 첨단기술 사회에서는 그 한계가 매우 뚜렷할 것입니다.

이제 우리는 초과학기술 신문명이 불러올 사회적 위기를 보편적 기본사회로 대비해야 합니다. 주거, 금융, 교육, 의료, 공공서비스 같은 삶의 모든 영역에서 국민의 기본적 삶을 우리 공동체가 함께 책임짐으로써 미래 불안을 줄이고 지속성장의 길을 열어가야 합니다.

이 과제들을 해결하려면 '회복과 성장'이 전제되어야 합니다. 희망을 만들고, 갈등과 대립을 완화하려면, 둥지를 넓히고 파이를 키워야 합니다. 회복과 성장은 더 나은 내일을 위한 필요조건입니다.

새로운 성장동력을 만들고, 성장의 기회와 결과를 함께 나누는 '공정성장'이 바로 더 나은 세상의 문을 열 것입니다. 새롭고 공정한 성장동력을 통해 양극화와 불평등을 완화해야만 '함께 잘 사는 세상'으로 들어갈 수 있습니다.

성장해야 나눌 수 있습니다. 더 성장해야 격차도 더 줄일 수 있습니다. 국민의 기본적 삶을 기본권으로 보장하는 나라, 두툼한 사회안전망이 지켜주는 나라여야 혁신의 용기도 새로운 성장도 가능할 것입니다. 당력을 총동원해 '회복과 성장'을 주도하겠습니다. '기본사회를 위한 회복과 성장 위원회'를 설치하겠습니다.

사랑하는, 그리고 존경하는 국민 여러분! 제가 이 자리에서 '먹사니즘'과 함께 모두가 함께 잘 사는 세상, '잘사니즘'의 비전을 제시하는 이유가 있습니다. 우리가 만들어갈 변화는 너무 크고 막중하여 모두의 지혜를 모아야 합니다. 대립과 갈등을 넘어 힘을 모아야 합니다. 우리 국민의힘 의원님들도 함께해야 하지 않겠습니까.

우리 앞의 난제들을 피하지 맙시다. 쟁점과 논란에 정면으로 부딪쳐, 소통과 토론을 통해 해결책을 만들고, 그 성과로 삶과 미래를 바꿔나갑시다. 정치가 앞장서 합리적 균형점을 찾아내고 모두가 행복한 삶을 꿈꿀 수 있는 진정한 사회대개혁의 완성, 그것이 바로 '잘사니즘'의 핵심입니다.

새로운 세상, 더 나은 사회를 위해서는 충돌하는 이해를 조정해야 합니다. 실제로 존재하는 갈등을 피하지 말고, 대화하고 조정하며 타협해야 합니다. 공론화를 통해 사회적 대타협을 한번 해봅시다.

성장과 분배는 상호 모순이 아닌 상호 보완 관계인 것처럼, 기업 발전과 노동권 보호는 양자택일 관계가 아닙니다. 일자리가 유일한 복지이고, 사회안전망은 턱없이 부실한 현실에서 기업은 경쟁력을 위해서 '노동유연성'을 요구하지만, 노동자들은 '해고는 죽음이다'를 외칩니다.

고용 경직성을 피해서 비정규직만 뽑으니, 생산성 향상도 한계가 있고, 노동시장의 이중구조는 점점 더 악화되는 악순환입니다.

많은 시간과 노력이 필요하겠지만, 대화와 신뢰 축적을 통해서 기업의 부담을 늘리고, 국가의 사회안전망을 확충하고, 노동유연성을 확대해서 안정적 고용을 확대하는 선순환의 '사회적 대타협'을 반드시 이뤄내야 합니다.

AI 시대를 대비한 노동시간 단축, 저출생과 고령화, 생산가능인구 감소에 대비하려면 '정년 연장'도 본격적으로 논의해야 합니다. 연금개혁처럼 당장 할 수 있는 것들도 있습니다. 만시지탄이지만 우리 국민의힘 측에서 모수개혁을 먼저 하겠다는 뜻을 밝혀주신 것으로 압니다. 더이상 불가능한 조건 붙이지 말고, 시급한 모수개혁부터 매듭지으면 좋겠습니다.

보험료율 13%는 이견이 없는 것으로 압니다. 그리고 국민의힘이 제시하신 소득대체율 44%는 우리 민주당의 최종안 45%와 1% 간극에 불과합니다. 당장 합의 가능한 부분부터 개혁의 물꼬를 틔워봅시다.

경제를 살리는 데 이념이 무슨 소용입니까, 민생 살리는 데 색깔이 무슨 의미입니까. 진보정책이든 보수정책이든 유용한 처방이라면 총동원합시다. 함께 잘 사는 세상을 위해서 유용하다면 어떤 정책도 수용하겠습니다.

먹고사는 문제를 해결하는 '먹사니즘'을 포함하여 모두가 함께 잘 사는 '잘사니즘'을 새로운 비전으로 제시하고 싶습니다.

존경하는 국민 여러분! 그리고 국민의힘 국회의원 여러분. '스스로 변하지 못하는 민주당이 대한민국을 변화시킬 수 있느냐'라는 그런 국민들의 질문에 우리도 성찰을 거듭하겠습니다.

우리 더불어민주당이 겹겹이 쌓인 국민의 실망과 분노를 희망과 열정으로 온전히 바꿔내지 못했습니다.

살을 에는 추위를 견디며 무능하고 부패한 권력자들을 몰아냈지만 권력의 색깔만 바뀌었을 뿐 내 삶이나 사회는 변하지 않았다는 질책을 겸허하게 받아들입니다.

맨몸으로 장갑차를 가로막고 총과 폭탄을 든 계엄군과 맞서 싸우며, 다음은 과연 더 나은 세상일 것이냐는 질문에 더 진지하게 응답하겠습니다.

국민의 주권의지가 일상적으로 국정에 반영되도록 직접민주주의를 강화하겠습니다. 색색의 응원봉이 경쾌한 떼창과 함께 헌정 파괴와 역사 퇴행을 막아내는 그 현장에서 주권자들은 이미 우리가 만들 '더 나은 세상'을 보여주셨습니다.

**정치란 정치인이 하는 것 같아도, 사실은 다 국민이 하는**

것입니다. 민주당이 주권자의 충직한 도구로 거듭나서 꺼지지 않는 '빛의 혁명'을 완수해 가겠습니다.

국민이 나라의 주인으로 책임지고 행동한 그 소중한 경험을 토대로, 국민이 행복한 나라를 만드는 우리 공복들의 사명을 새기면서, '민주적 공화국'의 문을 활짝 열어가겠습니다. 그 첫 조치로 '국회의원 국민소환제'를 도입하도록 해보겠습니다.

회복과 성장을 위해 가장 시급한 일은 민생경제를 살릴 응급처방, 바로 추경입니다. 한국은행이 성장률을 두 달 만에 또 하향 조정했습니다. 계엄 충격으로 실질 GDP 6조 원 이상이 증발했다고 합니다. 그리고 한 달 만에 외국인 투자자금 5조 7천억 원이 빠져나갔습니다.

정부는 재정 확대를 통한 경기회복의 골든타임을 놓치지 말아야 합니다. 민생과 경제회복을 위해 최소 30조 원 규모의 추경을 제안드립니다. 상생소비쿠폰, 소상공인 손

해 보상, 지역화폐 지원이 필요합니다. 감염병 대응, 중증 외상 전문의 양성 등 국민안전 예산도 꼭 필요합니다.

공공주택과 지방SOC, 고교무상교육 국비 지원, 그리고 인공지능, 반도체 등 미래산업을 위한 추가투자도 꼭 필요합니다. 이미 말씀드린 것처럼, 추경편성에 꼭 필요하다면 특정 항목을 굳이 고집하지 않겠습니다.

**A. AI(인공지능) 중심 첨단기술산업을 육성합시다.**
박정희 시대 경부고속도로 건설은 산업화의 초석이었습니다. 김대중 시대의 초고속 인터넷망은 ICT산업 발전의 토대였습니다. 비록 우리가 뒤처졌지만, AI산업에는 후발주자도 기회가 있다는 것을 딥시크가 확실하게 보여줬습니다.

인공지능혁명을 위한 정부의 강력한 드라이브가 필요합니다. 우선 국가AI데이터센터를 만들어야 합니다. 10만 장 이상의 AI반도체 GPU를 가진, AI데이터센터로 AI산업을 지원합시다. 연구자, 개발자, 창업기업 누구나 쉽게 활용할 수 있는 인공지능 인프라를 구축하면 인공지능을 활용한 다양한 산업이 발전할 것입니다.

수준 높고 다양한 교육프로그램을 갖춘 AI 부트캠프(전문인력 집중양성기관)를 만들고, AI기술 인력을 10만 명까지 양성해서 인공지능산업을 전략산업으로 키워야 합니다. 과학기술이 국가의 미래입니다. 미래를 주도할 과학기술에 대한 관심과 지원이 대폭 강화되어야 합니다.

### B. Bio 바이오

현재 10위 국내 기업 중 2개가 바이오 기업입니다. 향후 5대 바이오 글로벌 경쟁력을 보유하기 위한 국가투자가 필요합니다. 인천과 충청권 등, 권역별 특화 발전 전략으로 R&D 및 금융 지원, 바이오특화 펀드 등 투자생태계 구축, 관련 의학자 등 전문인력 양성을 통해 바이오산업 생태계를 만들어갑시다.

## C. Contents & Culture 문화 콘텐츠

"오직 한없이 가지고 싶은 것이 높은 문화의 힘." 백범 김구 선생이 가지신 꿈이었습니다. 그 꿈 문화강국은 이제 더 이상 꿈이 아닌 현실이 되었습니다.

영화, 드라마, 게임, 웹툰, K팝, K푸드까지 한국문화가 세계를 사로잡고 있습니다. K콘텐츠 수출이 이차, 전기차도 넘어선 시대입니다. 문화가 곧 경제이고, 문화가 미래 먹거리입니다. K팝 열풍은 K뷰티 열풍으로 이어지고 있고, 한국어 학습 수요가 증가하면서, 한국어학습시장의 성장으로 이어졌습니다. 얼마 전 '흑백요리사' 그 인기에 힘입은 'K미식여행'이 관광업의 새 활로가 되고 있습니다.

K컬처 관광 5천만 시대, '버킷리스트 한국 관광'. 이를 통해서 국제적 한국문화 열풍을 매출 증대와 좋은 일자리로 연결시켜야 합니다. 문화는 융합이 쉽습니다. 브랜드, 디자인 등의 경쟁력 강화를 적극 지원해야 할 이유입니

다. 문화예술 예산의 대폭 확대, 적극적 문화예술 지원으로, K콘텐츠가 세계 속에 더 넓고 더 깊게 스며들도록 해 나갑시다.

## D. Defense 방위산업

세계에서 가장 높은 군사 밀도, 군사 강국들에 둘러싸인 한반도의 지정학적 특성이 오늘날 괄목할 대한민국 방위산업 발전의 토대가 되었습니다. 방위산업을 미래 먹거리로 적극 육성합시다.

다변하는 미래 전장과 기술 환경에 맞춰서 드론과 로봇, 장비 등의 연구개발에 지속적으로 투자하고, 방위산업 협력 국가를 지속적으로 발굴해야 합니다. 지정학적 위기를 기회로 만들어갈 수 있지 않겠습니까.

## E. Energy 에너지

23년 기준으로 우리의 에너지믹스 현황은 원자력 29%, 재생에너지 9%, 천연가스 28%, 석탄 33%입니다. 에너지공급은 안정성, 친환경성, 경제성이 핵심입니다. **우리나라는 에너지원 대부분을 수입하고, 전력망이 고립된 사실상의 섬입니다. 그래서 에너지자립과 에너지안보가 무엇보다 중요합니다.**

석탄 비중은 최소화하고 LNG 비중도 줄여가되, 재생에너지를 신속하게 늘려가야 합니다. 어디서나 재생에너지를 생산할 수 있도록, 에너지고속도로를 건설해야 합니다. 전력생산지의 전력요금을 낮춰서 바람과 태양이 풍부한 신안, 영광 등 서남해안 소멸위기 지역들을 에너지산업 중심으로 발전시켜야 합니다.

**F. Factory 제조업 부활 지원**

수출과 내수의 고리가 끊긴 지가 오래입니다. 기업매출 증가가 국내 재투자, 고용, 임금인상에 연결되지 않습니다. 기업이 해외투자에만 집중하면, 우리 대한민국은 산업공동화에 직면할 것입니다. 강력한 국내산업 진흥책이 적극적으로 필요할 때입니다. 국내 공급망을 중심으로 하는 '한국형 마더팩토리' 전략이 그래서 필요합니다. 마더팩토리를 거점으로, 소재-부품-장비의 국산화를 지원하고, 산학협력 등 혁신생태계를 조성해 나갑시다.

특정 대기업에 대한 단순 지원을 넘어서서, 산업생태계를 조성함으로써 성장의 기회도, 성장의 결과도 함께 나눕시다.

최근 한국 주력산업인 철강과 석유화학이 위기를 맞고 있습니다. 국산 제품의 가격 경쟁력 약화에 더해서 미국 수출길이 막힌 중국의 밀어내기가 겹쳤습니다. 이들 산업은 지역경제의 주축입니다. 관련 기업이 폐업하면 지역경제는 쑥대밭이 됩니다. 포항, 울산, 광양, 여수, 서산, 당진이 바로 그곳입니다.

긴급 지원이 필요합니다. 산업의 재구조화, 고부가가치 제품 개발을 위한 실증사업 지원이 필요합니다. 직업전환 훈련 등 노동자 대책과 지역상권 활성화 등 구조적 해법을 여야가 함께 논의합시다. 그래서 우선 이 지역들에

"산업위기대응특별지역" 선포를 제안하는 바입니다.

우리 국민들이 모두 아시는 방탄소년단의 성공 비결 하나는 국내 무대에 갇히지 않은 것이라고 합니다. 그들은 처음부터 세계로 향했습니다. 대륙과 해양이 겹치는 우리 한반도의 지정학적 위치도 같습니다. 그래서 상상력을 한번 발휘합시다. 해양과 육지의 끝이 아닌 시작점이고, 해륙의 충돌지가 아니라, 해륙 융합의 중심이 되어야 합니다.

지구온난화로 북극항로의 항해 가능 기간이 늘고, 물동량도 증가 중입니다. 동남권 발전의 발판이 될 북극항로에 긴 안목으로 관심을 가지고 준비할 때입니다. 남북을 관통한 대륙철도 연결, 그 출발지의 꿈을 잊지 맙시다. 북미회담이 진척되면, 남북 간 강대강 대치도 대화와 협력으로 전환될 수 있습니다. 그래서, 정치는 생물이고 영원한 적도 우방도 없다고 하는 것입니다.

시간이 걸리겠지만, 세계에서 부울경으로 모인 화물들이 대륙철도와 북극항로를 통해서 유럽으로 전 세계로 퍼져나갈 미래비전을 가지고 준비해야 합니다. 사천-창원-부산-울산-포항으로 이어지는 동남권을 해운·철도·항공의 트라이포트와 그 배후단지로 성장시켜야 합니다.

나라 안으로는 민주주의가 시험대에 올라 있고, 밖으로는 총성 없는 전쟁이 시작되었습니다. 트럼프 2기 출범과 함께 국제질서가 빠르게 재편 중입니다. 미국은 중국에 10%, 멕시코와 캐나다에 25% 관세를 예고하며 무역전쟁의 서막을 열었습니다.

**자국 우선주의가 지배하는 각자도생 시대 개막으로 수출의존도가 높은 우리는 더 어렵습니다. 시계 제로 상황이지만 손 놓고 있을 수는 없지 않습니까. 정치가 앞장서통상 위기에 대응해야 합니다.** 그래서 국회 차원의 통상대책특별위원회 구성을 다시 제안하는 바입니다. 적극적인 검토를 요청드립니다.

한미동맹은 우리 외교·안보의 근간이며, 첨단기술 협력과 경제발전을 위한 주요 자산입니다. 민주주의를 공동가치로 하는 한미동맹은 친위군사쿠데타라는 국가적 혼란 앞에서 민주주의 회복을 위한 우리 국민의 노력에 변함없는 신뢰와 연대를 보내주었습니다.

자유민주 진영의 도움으로 국가체제를 유지하고 성장·발전해 온 우리는 앞으로도 자유민주 진영의 일원으로서 그 역할과 책임을 다할 것입니다.

강경 일변도 대북정책에 따른 남북관계 파탄과 북러 밀착으로 한반도는 군사적 긴장이 고조되고, 사라진 대화 속에 평화는 요원해졌습니다. 그 어느 때보다 군사대비 태세를 확고히 하고, 북핵 대응능력을 제고하는 한편으로, 소통 창구는 열고 대화 노력을 병행해야 할 것입니다.

트럼프 대통령이 북미회담 의지를 밝히는 상황에서 우리 정부는 북측에 대화 복귀를 촉구하고, 북미대화에서

소외되지 않게 해야 될 것입니다.

불법계엄에 관여한 것 때문에, 우리 국군의 사기가 말이 아닙니다. **어이없는 군사쿠데타에 일부 고위 장성의 참여는 사실이었고, 이에 대한 책임 추궁은 불가피합니다. 그러나 우리는 여전히 국군장병을 믿고 사랑합니다.** 국민과 국회가 계엄을 신속하게 막은 것도 대통령의 불법 명령에 사실상 항명하며 국가와 국민에 충성한 계엄군 장병 덕분 아니겠습니까.

국군은 대통령 아닌 국민과 국가에 충성해야 합니다. 다시는 군이 정치에 동원되면 안 됩니다. 불법계엄 명령 거부권 명시, 불법계엄 거부자와 저지 공로자에 대한 포상 등 시스템 마련에 나서겠습니다.

사랑하는 국민 여러분! 반만년 역사가 우리를 지켜봅니다. 위대한 선조들께서 우리를 내려다보십니다. 우리 앞의 역경은 전례 없이 험준하지만, 그동안 이겨낸 수많은 위기들에 비하면 결코 극복하지 못할 일이 아닙니다.

우리 국민은 환란 때마다 하나로 뭉쳐 위기를 기회로 만들어왔습니다. 일제의 폭압에 3·1운동으로 맞서며 대한민국 임시정부를 수립했고, 분단의 아픔과 전쟁의 포화 위에서 산업화를 이뤄냈습니다.

무자비한 독재에 맞서 민주주의를 쟁취했고, 아름다운 촛불혁명으로 국민 권력을 되찾았습니다. IMF 위기에도 굴복하지 않았고, 오히려 그 위기를 경제개혁 기회로 삼아 복지국가와 IT강국의 초석을 다졌습니다.

**이 모든 성취는 '더 나은 나라를 물려주겠다'는 우리 국민들의 통합된 의지의 산물입니다. 우리 국민은 내란조차 기회로 만들 만큼, 용감하고 지혜롭습니다.** 더불어민주당은 더 낮은 자세로 정치의 사명인 '국민통합'의 책무를 다하겠습니다.

공존과 소통의 가치를 복원하고, 대화와 타협의 문화를 되살리겠습니다. 국가와 국민만을 위한 탈이념·탈진영 실용정치만이 국민통합과 미래로 나아가는 길이자, 회복과 정상화, 성장과 재도약의 동력이라 믿습니다.

굴곡진 우리 역사가 그랬듯이 더디고 끝난 것처럼 보여도, 무력감에 잠시 흔들려도, 역사는 전진해 왔고, 또 쉼없이 전진해 갈 것입니다. **지금 우리에게 필요한 것은 역사와 국민에 대한 확고한 믿음으로, 두려움 없이 나아가는 것입니다.**

1945년 광복 직후, 가난과 빈곤에 힘겨웠던 선대들에게 '대한민국이 세계 10위 경제강국이 될 것'이라 말했다면 어땠겠습니까? 군부독재 폭력으로 희생된 선열들에게 '우리 대한민국이 세계가 인정하는 모범적 민주국가가 될 것'이라고 말했다면 어땠겠습니까? **죽은 자가 산 자를 구하고 군사쿠데타의 아픈 기억이 오늘의 대한민국을 살렸던 것처럼, 2025년의 우리 국민이 우리의 미래**

**를 구할 것입니다.**

오늘의 대한민국 국민은 '국민이 나라의 주인임을 선포하고 내란마저 극복한 대(大)한국민'임을 마침내 증명할 것입니다. '모두의 질문Q'를 시발로 연대와 상생, 배려의 '광장'에서 펼쳐질 '국민 중심 직접민주주의'는 '제2의 민주화'로 자리 잡을 것입니다.

지금부터 시작될 '회복과 성장'은 사라진 꿈과 희망을 복원하는 '제2의 산업화'가 될 것입니다. 우리 민주당이 앞장서겠습니다. 꺼지지 않는 오색의 빛으로 국민이 가리킨 곳을 향해 정진하겠습니다.

좌절과 절망을 딛고 대한국민과 함께 다시 일어나 다시 뛰는 대한민국 꼭 만들겠습니다.

서로를 인정하고, 긍정적으로 사고하고, 미래를 향해 함께 나아갑시다. 감사합니다.

# 이재명에 관하여

초판 1쇄 2025년 4월 23일 발행
초판 2쇄 2025년 4월 30일 발행

**지은이** 김민석
**펴낸이** 김현종
**출판본부장** 배소라 **편집** 최세정 진용주 김수진 이솔림
**디자인** 조주희 김기현 **마케팅** 안형태 김예리 김인영
**미디어·경영지원본부** 신혜선 백범선 박윤수 이주리 문상철 신잉걸

**펴낸곳** (주)메디치미디어
**출판등록** 2008년 8월 20일 제300-2008-76호
**주소** 서울특별시 중구 중림로7길 4
**전화** 02-735-3308 **팩스** 02-735-3309
**이메일** medici@medicimedia.co.kr **홈페이지** www.medicimedia.co.kr
**페이스북** facebook.com/medicimedia **인스타그램** @medicimedia
**유튜브** www.youtube.com/@medici_media